U0960318

马桥镇志

《马桥镇志》编纂委员会　编

南京出版传媒集团
南京出版社

图书在版编目（CIP）数据
马桥镇志 / 《马桥镇志》编纂委员会编. -- 南京 : 南京出版社, 2024. 12. -- ISBN 978-7-5533-5102-5
Ⅰ. K295.35
中国国家版本馆CIP数据核字第2024FP4928号

书　　名　马桥镇志
作　　者　《马桥镇志》编纂委员会
出版发行　南京出版传媒集团
　　　　　南京出版社
　　　　　社址：南京市太平门街 53 号　邮编：210016
　　　　　网址：http://www.njcbs.cn　电子信箱：njcbs1988@163.com
　　　　　联系电话：025-83283893、83283864（营销）025-83112257（编务）

出 版 人　项晓宁
出 品 人　卢海鸣
责任编辑　杨福彬
图文设计　靖江市骏途图文设计服务部
责任印制　沈　辰

印　　刷　江苏恒佳印务有限公司
开　　本　787 毫米 ×1092 毫米　1/16
印　　张　19.5
字　　数　333 千
版　　次　2024 年 12 月第 1 版
印　　次　2024 年 12 月第 1 次印刷
书　　号　ISBN 978-7-5533-5102-5
定　　价　168.00 元

序

马是哪一匹马？桥又是哪一座桥？

今天马桥境内，找不到那座叫做“马桥”的桥了。同样湮没于历史深处的，还有祖师堂、白衣堂、万卷书楼……如果它们至今尚存，可以设想，会是多么的珍贵！对于马桥，对于靖江乃至更大的地区，都有着难以估量的意义和价值。

沙洲是我们的衣胞之地，时涨时塌。在她复杂多变的演进过程中，靖江人民不断地得到，又不断地失去，留给后人一部交织着幸福与遗憾的历史。使得马只能是一匹传说之马，桥只能是一座想象之桥。

当然，传说并非空穴来风，想象也不是无中生有。生祠是一个人的生祠，思岳则是所有靖江人的文化基因。传说之马，也是精神之马。想象之桥，亦为情感之桥。每一个靖江人的心里，都有一座白衣堂。岳元帅留赠百姓的那袭白袍，是我们婴幼时的襁褓，是抵挡沙尘时的披风，是对抗寒冷时的被褥，是挫折时的安慰，是成长时的呵护，是前行时的指引。

这也是我们马桥镇党委、政府一任接着一任干，接续打造岳文化的原因。设置《满江红》文化墙，铺开白衣堂文化长廊，成立岳飞文化研究会，建设岳文化主题园，举办岳飞文化节……这是文化传承保护的拾遗补阙，是精神文明建设的凝聚人心，是软实力提升的添砖加瓦。包括此次编纂《马桥镇志》，也出于同样的考虑。

“三十功名尘与土，八千里路云和月。”走过泥泞，走过荆棘，走过废墟，先民的每一枚足迹，都值得我们去发现，去珍藏；收获鲜花，结出硕果，建造殿堂，先民的每一滴汗水，都值得我们去追慕，去景仰。以史为源，以史为鉴，以史为资。特别是在迈向中国式现代化的历史关口，我们尤其需要整理故旧，从中汲取智慧，理清思路，坚定信心。

马桥位于城郊，靖江腹地。迫切需要发展新质生产力，构建高质量发展的崭新格局。多年来，我们始终坚持“三产融合先导区，乡村振兴样板镇，民生幸福共享圈”的发展思路，稳扎稳打，步步为营，努力壮大镇域经济，激活农业农村，收获群众满意。我们先后建成了国家级生态镇、卫生镇和全国乡村治理示范乡镇，获评江苏省农村一、二、三产业融合发展先导区，江苏省和谐社区建设示范镇，入选全国小城镇综合发展水平千强镇。工作取得了一些成效，但我们深知，还远远不够。历史有重托，时代有号令，人民在召唤。我们唯有兢兢业业，唯有勤勤恳恳，唯有踏踏实实。

马桥地灵人杰。明代学者朱得之是王阳明晚年入室弟子，著述甚丰，《老子通义》《庄子通义》《列子通义》《宵炼匣》广为流传。嘉靖四十一年(1562)，他修纂《靖江县志》，隆庆三年(1569)付梓。朱得之用笔记录、整理历史。今天，马桥人民正在集思广益，群策群力，用自己的行动，书写马桥历史、靖江历史的时代篇章。

在这个意义上，马是催人奋进之马，桥是通向未来之桥。

是为序。

中共马桥镇委员会书记　刘　矛

马桥镇人民政府镇长　汤毅钧

2024 年 7 月

《马桥镇志》编纂委员会

第一届

主　任　蒋国庆　吴文彬

副主任　王友同　周　彬

委　员　夏建锋　朱丽萍　刘红旗　谢小彬　袁俊章
张　钰　孙唯一　刘晓林　王　刚

第二届

主　任　吴文彬　刘　矛

副主任　朱海平　周　彬

委　员　夏建锋　刘红旗　张　钰　王　刚　季　松
刘斌斌　朱　银　邓丹丹　李　剑　何　双
张文华

第三届

主　任　刘　矛　汤毅钧

副主任　夏建锋　刘　俊

委　员　缪永忠　王建东　蔡建勇　朱　银　叶剑勇
邓丹丹　何　双　翁亚鸿　张　明　胡仁宇
张宇阳　杨　扬　卢　钰

《马桥镇志》编辑部

主　　编　刘　俊

副 主 编　翁亚鸿

编　　辑　郭寿明　徐存华　周国林

顾　　问　刘舰平　陈永光

指　　导　刘汉如　严怀余

图片统筹　魏秋铧　蔡　忠

编　　务　朱　剑　秦　立　孙玲霞　陈　露
　　　　　周　敏　陈金林　陈炳涛

终审单位　靖江市党史方志办公室

终审人员　崔益稳　王　平　叶旭和　顾鑫昱
　　　　　黄　钦

验收单位　靖江市党史方志办公室

验收人员　吉　森　王　卉　叶旭和　顾鑫昱

批准出版单位　中共靖江市马桥镇委员会
　　　　　　　靖江市马桥镇人民政府

凡例

一、以马克思列宁主义、毛泽东思想、邓小平理论、“三个代表”重要思想、科学发展观、习近平新时代中国特色社会主义思想为指导，坚持辩证唯物主义和历史唯物主义，客观记述马桥镇发展变化的历史与现状。

二、记述上限追溯至事物发端，下限至 2021 年(大事记及组织机构下延至 2024 年)。记述地域范围以 2021 年马桥镇管辖区域为主，如涉及历史变迁，则适当记载。

三、记述内容详今明古，侧重反映时代特色和地方特点，体现马桥镇的“名”与“特”。

四、采用纲目体，设类目、分目、条目 3 个层次。运用述、记、志、传、图、表、录等体裁，以志为主。统一采用现代汉语、第三人称记述。行文朴实、严谨、简洁、流畅，可读性强；图照精美，地方特色明显，生活气息浓，信息含量高，注重编排，图文并茂。

五、清朝及以前，纪年采用朝代年号纪年，括注公元纪年，日期为农历日期。1912 年起使用公元纪年。

六、人物传略记载已故人物，人物简介记载在世人物，均为本籍有重大影响和贡献的人物，按生年排序。烈士名录收录革命烈士。

七、计量单位和数字的使用，执行国家新闻出版相关规定，原则上使用法定计量单位。历史上使用的计量单位以及地名、机构名称，一般照旧记载。文中所述县政府、市政府为靖江县人民政府、靖江市人民政府。

八、数据以统计部门提供的数据为准。统计部门未提供的，以相关部门提供的数据为准。

九、本志所用资料来自相关文献、档案，均经核实，不再注明出处。

马桥镇在江苏省的位置图

马桥镇地图

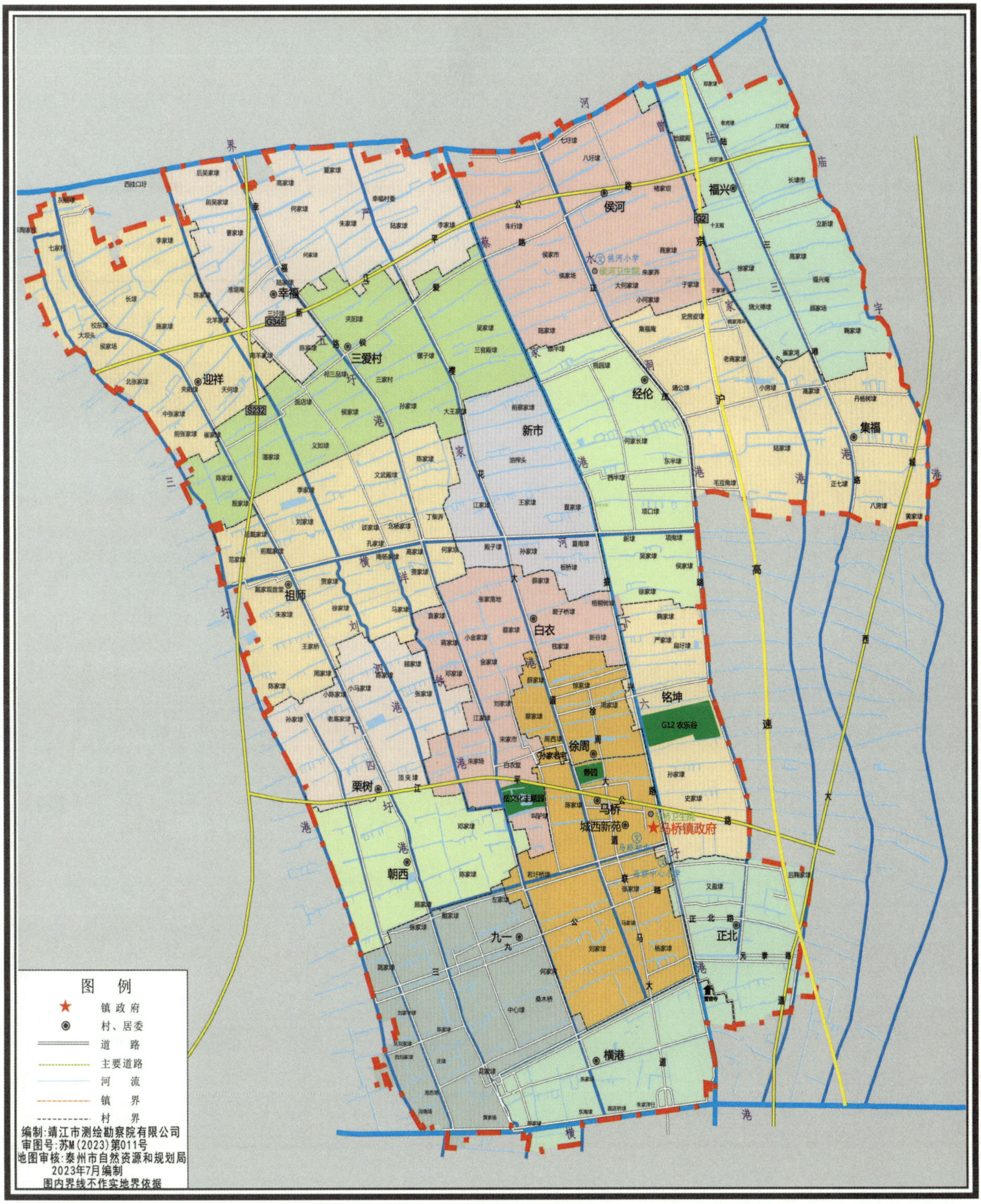

侯河
福兴
幸福
三爱村
迎祥
经伦
新市
集福
祖师
白衣
铭坤
徐周
马桥
城西新苑
马桥镇政府
栗树
朝西
九一
正北
横港
G12 农乐谷
G2
G345
S232
图例
镇政府
村、居委
道路
主要道路
河流
镇界
村界
编制:靖江市测绘勘察院有限公司
审图号:苏M(2023)第011号
地图审核:泰州市自然资源和规划局
2023年7月编制
图内界线不作实地界依据

马桥镇在靖江

G2
G1515
G40
S232
G345
泰兴市
G2
勤丰
广陵
G345
侯河
乐稼
幸福
福兴
东进
三爱
利珠
三圩
七里
G345
迎祥
集福
李王
杨太
S356
新义
地藏
新市
经伦
祖师
进步
S229
七一
涨公
白衣
S232
新跃
大进
法喜
新丰
栗树
徐周
龙王
G2
西郊
城北
红英
铭坤
S336
马桥镇
友仁
老港
生祠镇
朝西
马桥
城西
水三
三河
正权
靖西
金星
靖城街
务本
新生
九一
新柏
横港
正南
五星
正西
S504
礼圣
北六
合兴
惠龙
鼎新
海镇
礼士
建新
德胜
新桥镇
成德
惠丰
益民
城南园区
三兴
孝化
康兴
旺稼
中桥
克成
三太
双龙
合兴
昆圣
火炬
同康
太和
S232
文东
惠圣
G2
市
太东
东兴镇
新合
S229
滨江
S356
万丰
六圩
万盛
前进
何德
上六
十圩
五星
恒义
八圩
迎江
四圩
五圩
夹港汽渡
江防
江峰
江阴-靖江工业园区
长
靖江汽渡
江

的位置图

如皋市
张家港市
江阴市
马洲岛
长
江
季市镇
西来镇
斜桥镇
开发区管委会
靖江经济开发区
G40
G345
S229
S336
季东
关桥
曙光
石榴
文嘉
龙华
西来
安武
永胜
梅村
利民
长安
龙飞
六庆
星光
封家
普福
裕福
新安
陈塘
庄帜
泥桥
见龙
东来
土桥
通太
祁安
廉尚
郁家
赵家
丰产
横河
敦义
五圩
义兴
东升
大觉
民政
创新
高家
王圣
孤山
山东
斜桥
丹华
荷花
新庄
富民
红旗
新木
海圩
联华
筱山
新华
江平
联东
汤家
广福
丰宁
安宁
六一
柏木
柏一
六助
光明
东南
黄普
旺桥
罗家
宜和
图例
市界
一般公路
政府、管委会
铁路
镇、街道、办事处
主要道路
水系
高等级公路
靖江市测绘勘察院有限公司　编制
测绘资质证书：乙级32500404
审图号：苏M(2023)第011号

荣 誉 榜

◎ 全国乡村治理示范乡镇

◎ 全国小城镇综合发展水平千强镇

◎ 国家级生态镇

◎ 国家级卫生镇

◎ 江苏省文明乡镇

◎ 江苏省体育强镇

◎ 江苏省卫生镇

◎ 江苏省和谐社区建设示范镇

◎ 江苏省生态文明建设示范乡镇

◎ 江苏省最受欢迎十大美丽乡村

◎ 江苏省农村一、二、三产业融合发展先导区

◎ 江苏省产业创新小镇

◎ 江苏省绿色优质农产品基地

目　录

概述

（一）

传说掌故、战斗传奇、名人轶事，传承马桥历史的人文底蕴。

马桥与岳飞颇有渊源。南宋建炎四年(1130)，岳飞率军渡江淮流民于马驮沙。后奉诏换防江南时，岳飞命人在一河港伐木建桥通行人马，此桥便被后人称为“马桥”。绍兴十一年(1141)，岳飞屈死，马驮沙百姓感念岳飞，在当年临别赠送白袍之处修建祠堂以资纪念，祠堂后称“白衣堂”。

马桥是靖江革命老区。1941年，新四军在三爱村创办造枪所，所造步枪谓之“夹阳造”。1946年，侯河区队配合县独立团多次袭击国民党军水陆运输线，获华中军区首长张鼎丞、栗裕、谭震林嘉奖，《解放日报》《新华日报》先后报道。1949年2月，侯河区民工连因支援解放军渡江作战获“渡江支前模范连”称号。

马桥历来人文荟萃。元代著名藏书家陈杰建造书楼，藏书万卷。明代著名学者朱得之，所著《庄子通义》收录于《四库全书》。清代艺人刘彬，建民间乐坊“聚乐堂”。

典籍记载让马桥的历史可查可信，传说故事让马桥的文化可亲可近，因为喜闻乐见，所以口口相传，生生不息。

（二）

以农为基，做强产业，做优品牌，绘就马桥农业的振兴蓝图。

立足经营主体创新发展。21 世纪初，马桥镇推进农村土地流转，加快农业专业合作社、家庭农场和农业基地建设，促进农业适度规模经营。至 2021 年，马桥镇先后流转土地 2.8 万亩，成立家庭农场 91 个、农民专业合作组织 187 个，建设规模农业基地 32 个，有种植大户 105 户、畜禽养殖大户 30 户。

立足资源优势壮大农业。进入 21 世纪，马桥镇加快引进农业项目，创建泰州市级现代农业园区。2021 年，组建成立马桥镇都市现代农业产业园，推进农业集约化发展。

立足品牌建设做优产品。秉持“镇有主导产业，村有特色品牌”的理念，实施“一村一品”工程。至2021 年，马桥镇有“玛良”牌草莓、“祖师”牌香沙芋、“禧柏乐”牌芦笋、“徐周”牌葡萄、“朝绿”“椽之乡”牌大米、“香羽”牌猪肉、“伊香”牌肉脯等特色农副产品，获国家地理标志农产品认证 1 个，绿色产品认证 6 个。

农业发展不断变革，产业布局不断优化，描绘着马桥镇传统农业逐步转变为现代农业的美丽画卷。

（三）

园区建设，科技赋能，产业培育，引领马桥工业的集约发展。

20 世纪 60 年代起，马桥相继创办工业企业 50 余家。改革开放后，马桥地区工业经济蓬勃发展，至 2001 年，有骨干工业企业 14 家，小微企业 144 家。2003 年新建正北产业集聚区，推进马桥工业规模化集聚式发展。

20 世纪 90 年代末，马桥实施科技四大工程，工业企业兴起科技创新热潮。进入 21 世纪，马桥镇工业企业加大产品开发和专利研发投入，加强镇产

学研结合，2017 年建成企业科研工作站 2 个、研发中心 1 个，2019 年建成智能车间 2 个、智能生产线 1 条。至 2021 年，马桥镇有国家级高新技术企业 15 家，省民营科技企业 12 家，完成高新技术产业产值 14.06 亿元。

至 2021 年，马桥镇有工业企业 513 家，其中规模以上企业 36 家，工业企业门类齐全，形成电力电器、环保设备、海工装备、警用装备、金属制品、食品加工、文化用品制造七大支柱产业，第二产业占地区生产总值的 59%。

（四）

历史文化，田园风光，地方美食，丰富马桥旅游的身心体验。

马桥旅游是追溯历史的文化之旅。岳文化主题园、白衣堂文化长廊、孙家老宅文博园，传承精忠报国的文化之魂，重现旧时民风习俗和生产生活场景，唤起一代人的乡愁记忆。

马桥旅游是感受农旅一体的田园之旅。十里樱花港、G12 农乐谷、徐周采摘走廊、高老庄、良友生态园、品云农庄等星罗棋布，春季繁花似海，夏季郁郁葱葱，秋季瓜果飘香，冬季养生休闲，农旅融合，让人怡然自得。

马桥旅游是品尝地道滋味的美食之旅。马桥镇地处鱼米之乡，精致食材取之不竭，有国家地理标志的香沙芋，有马桥馄饨、马桥猪爪、粉蒸肉等菜点，成为马桥美食的代表，游客慕名而至，大快朵颐。

丰富的旅游资源，催生系列旅游节庆活动，樱花草莓节、岳飞文化节等贯穿一年四季，马桥处处洋溢着农旅联袂助力乡村振兴的勃勃生机。

马桥，一头连接田园诗一般的过往，一头通向激荡人心的远方。新时代，新征程，美好愿景，永无止境。马桥，未来可期！

大 事 记

南宋建炎四年（1130）

江淮镇抚使岳飞率军驻守泰州，因金兵进逼，于农历十一月初五渡江淮流民至阴沙（马驮沙）。

明成化七年（1471）

马驮沙由江阴县析出，建靖江县，隶常州府。马桥隶靖江县。

嘉靖三十五年（1556）

倭寇至西沙抢掠，遭数百官兵包围，斩首70余级。适潮退沙土暴涨，寇船被陷，余寇被全歼。

嘉靖四十一年（1562）

长安团（今马桥镇）人朱得之修纂《靖江县志》，共8卷，历时8年，隆庆四年（1570）刊版。

崇祯元年（1628）

知县叶柱国主持疏浚阜民河，长90余里。

崇祯十一年（1638）

知县陈函辉主持开团河，流经马桥，两月告成。河宽5丈，深1.5丈，东西绵亘70余里，联络全县10团。

崇祯十二年（1639）

由知县陈函辉主持，在县城西南长安团境内建澜港寒山闸。

清康熙五年（1666）

泰兴代浚开挖蔡家港、庙宇港。

宣统元年（1909）

废除团图制，实行市乡制。全县原 10 团 60 图划为 9 个自治区，马桥属生祠市（自治区）。

1928 年

靖江县在靖西白衣镇创建县立乡村师范学校，校长陈勖达。

1929 年

全县实行区乡（镇）闾邻制，马桥属第五区（生祠区）。

是年　成立白衣镇民众教育馆。

1930 年

王德怀于侯河市开办毛巾织袜厂。

1939 年

士绅侯子文捐资建立白衣堂小学。

1940 年

8 月　靖江县抗日民主政府成立，下辖 8 个区，马桥属五区（侯河区），倪浩堂任区长。

11 月 15 日　五区区长倪浩堂与县抗日民主政府县长刘万里等 12 人，参加苏北临时行政委员会在海安召开的临时参政会，听取胡服（刘少奇）的重要报告。

1941 年

1 月　县警卫大队攻打马桥伪据点，大队长朱正之身负重伤，不幸被俘，后牺牲于靖城南门外。

7—8 月　江渭清率新四军第六师十八旅至靖江，驻太和、东兴、侯河一带。

11 月　谭震林率第六师一部驻侯河区一带。驻地人民热情支持，为部队提供给养。

1942 年

5—6 月　苏中三分区军政党委员会书记叶飞至靖江检查工作，在侯河区八圩埭召开县委会议，传达地委决定，要求靖江干部坚持原地斗争，尤其要到艰苦的靖西去工作。

1943 年

5 月中下旬　龙王乡民兵大队长沈杰奉命带领 20 多名民兵，在曾家港公路两侧麦田设伏，俘伪警 10 多人，缴获步枪 8 支、短枪 1 支、子弹 1000 多发。

9 月 29 日　龙王、双店、九一等乡数千群众和民兵包围马桥据点。因靖城、白衣堂敌人增援，群众被迫撤离。此后，马桥据点敌人不敢轻易下乡抢掠。

年底　侯河区委在迎祥乡开展代耕队试点，帮助烈军属代耕，深受烈军属欢迎。

是年　私立苏北中学迁至侯河区经伦庵。

1944 年

1 月 3 日　侯河区迎祥乡民兵赵筛庆，在靖泰界河北岸的十方庵徒手俘伪军 1 人，缴获小炮 1 门。

春　侯河区公所在迎祥乡实行新乡制试点，召开数百人群众大会，用“豆子选举”方法，选举高耀山为乡长，吴少兰为农抗会主任。

4月4日　靖江县独立团在孤山、侯河区队配合下，于庙宇港边伏击由靖城下乡抢粮的日伪军，击毙日军4人，缴获日制机枪1挺，俘虏伪军1个排。

5月18日　靖江县独立团侦察参谋季藩李二连连长赵英奎和几十名战士，奇袭白衣堂伪据点，全歼伪第十九师陈正才部一个加强连，据点被当地群众平毁。

7月19日　靖江县独立团参加苏中三分区组织的攻打泰兴霞幕圩战斗，县独立团遭受重大伤亡，烈士遗骸被运回经伦庵安葬。

1945年

2月　县文教科接管校址位于侯河区商家埭的私立苏北中学，后更名为靖江中学二院。

春　县委、县政府和县独立团在经伦庵召开有数千人参加的追悼大会，追悼在霞幕圩战斗和抗日战争中英勇牺牲的革命烈士，并修建"靖江抗日烈士公墓"。

8月19日　侯河区委奉县委、县独立团命令，以区队为骨干，集中全区基干民兵四五百人，参加收复靖江城的战斗，经过6个昼夜的围困，伪警察局长陶明德于26日开门投诚。至此，靖城收复。

8月底　县政府将位于侯河区的靖江中学更名为靖江第一中学。

10月2日　侯河区反攻营奉命出征泰兴，参加收复泰兴城的战斗。

1946年

7月1日　县委在准提庵召开两千人群众大会，进一步发动群众进行土改。开明地主孙叔贤把自己的全部田单当众烧毁，将110亩土地全部交给政府处理。

7月下旬至8月中旬　国民党军占领黄桥后，侯河区队配合县独立团先后多次袭击靖江至黄桥的水陆运输线，俘获护船押货的国民党军官兵和大量军需物资，获张鼎丞、邓子恢、粟裕、张爱萍、谭震林嘉奖，《解放日报》《新华日报》均作报道。

9月　驻靖城国民党军到吴家新市一带"扫荡"。侯河区队（即县团六连）毙伤俘敌13人，缴获步枪4支。

1947年

1月18日　国民党军第102旅306团到侯河区迎祥乡一带“扫荡”，儿童团长周银海和数百干群被赶至准提庵小学操场，周银海拒不指认党员干部，受尽酷刑，壮烈牺牲。

9月　县委指派县文教科副科长陈其智到侯河区迎祥乡高何村，在农民业余文艺宣传队的基础上组建农民剧团，时名高何农民剧团。

9月下旬　代县长薛先洛带领北撤的30多名区乡干部进军靖江，以迎祥乡为基地，在沿界河的侯河、三元等乡，发动群众开展反复辟斗争。

10月17日　广陵镇、白衣堂、毗卢市3个敌中队，妄图围歼界河两岸的县独立团。县团在蔡家市桥一带与敌激战，歼敌1个大队，击溃2个中队，缴获轻机枪5挺、长短枪百余支。

11月上旬　双店乡乡长史铭坤在新市乡征收公粮时不幸被捕，后惨遭杀害。中华人民共和国成立后，靖江县人民政府将他所在的双店乡更名为铭坤乡（今铭坤村）。

12月　侯河区队与东兴区队联合作战，逼退生祠堂、白衣堂据点之敌，使侯河区与靖西连成一片。

1948年

12月16日　侯河区公所在新市乡前蔡家埭召开东南片三千人群众大会，庆祝东北和徐州解放。

是年　苏中韬奋书店在侯河区八圩埭设立“韬奋书店靖江店”，后改称“华中新华书店靖江支店”。

1949年

2月　侯河区委召开支前动员大会。区委书记苏明动员全区党员干部和群众支援大军渡江，积极响应党中央号召“打到南京去，解放全中国”，全力以赴，支援人民解放军横渡长江，保证“要人有人，要粮有粮，要物有物”。

2月下旬　侯河区委组织千余群众，从太平庵起，沿四圩港边至长江边，突击修筑砂石公路7千米，支援解放军渡江。

5月　成立中共侯河区委员会。

1952年

侯河区成立侯河文化站。

1956年

8月　设马桥乡、侯河乡。

1958年

7月　江苏省副省长管文蔚视察马桥乡农业中学。

10月　马桥、侯河合并成立火花公社。

是年　创办马桥初级中学和侯河中学。

1959年

5月　火花公社撤销，成立马桥、侯河人民公社。

是年　侯河农业中学教师高雅清、集福农业中学教导主任侯善缘被江苏省人民政府授予“农业中学先进工作者”称号。

1960年

6月1日　高何农民剧团副团长丁绍华出席全国文教群英会，受到刘少奇、周恩来、陈毅等中央领导同志接见。

1964年

3月，侯河公社幸福大队淮东生产队被省人民委员会表彰为全省1963年度“农业先进单位”。

1965 年

3 月 14 日　县人委决定划拨专款，组建临时医院，以加强对脑膜炎的防治工作。是年 1—3 月，长里、马桥、侯河发病情况尤为严重。

1971 年

10 月　侯河首建 8.75 毫米社队电影队。

1972 年

4 月 4 日　马桥公社正北、正南大队划归长里公社。

1979 年

在高何剧团的基础上成立侯河锡剧团。

1981 年

5 月 1 日　马桥公社遭冰雹、暴风雨袭击，冰雹直径 25 毫米，降雨量 42.2 毫米，风力 8 级，扬州地委领导至火花大队察看灾情。

1982 年

2 月　靖江县长江口琴厂成立，后改名为扬州长江口琴总厂、国营扬州长江口琴厂、江苏天鹅口琴总厂、江苏天鹅乐器有限公司。

是年　马桥乡中心幼儿园成立。

1983 年

8 月　侯河、马桥人民公社先后撤社建乡，建立乡人民政府。侯河乡下辖 16 个行政村，马桥乡下辖 12 个行政村。

1985 年

5 月 8 日　九里村食用菌专业户黄东成被团中央授予“全国新长

征突击手”称号。

10月26日　扬州市委、市政府在马桥乡召开所辖各县农业局长会议，要求各地学习马桥经验，全面推广免耕法。

1986年

3月13日　侯河、长里被评为国家计划生育先进单位。侯河乡党委书记王梓振被评为国家计划生育先进个人。

6月28日—7月1日　扬州市委、市政府在靖江召开乡镇工业会议，会上马桥乡党委介绍了《服从宏观控制，管好用活资金》的典型经验。

1987年

侯河中心幼儿园建成，1991年经县验收评估为二类幼儿园。

1988年

8月19日　马桥、侯河、长里成为全省首批对外开放重点工业卫星镇。

1989年

5月　中央顾问委员会委员邓力群到扬州市长江口琴总厂视察，并题词。

9月　马桥乡、侯河乡先后创办敬老院，集中供养域内五保老人。

1990年

8月29日　马桥乡徐周村一组发掘明代嘉靖年间古墓一座，墓内女尸保存完好。

12月6日　扬州市长江口琴总厂生产的“天鹅”牌系列口琴在全国妇女儿童用品展览会上获银质奖，并被国家教委、中国教学仪器设备公司确定为全国中小学普及教育专用器具。

1991 年

3 月　县委在马桥乡开展社会主义思想教育试点。

1994 年

7 月 16 日　雷雨、大风、冰雹等强对流天气突袭侯河乡，瞬时风力 9 级，冰雹最大直径 15 毫米。6 个行政村的 180 公顷棉田受灾。

是年　侯河乡被评为扬州市用电标准化、农村电气化达标乡。

△　马桥卫生院通过扬州市“一等甲级医院”验收。

1995 年

6 月 6 日　市委、市政府召开一等功臣高津庆功大会。高津，福兴村人，1978 年参加中国人民解放军，时任第二炮兵第五十二基地某导弹旅参谋长。

1996 年

马桥派出所民警丁明亮被公安部授予“二级英雄模范”称号，被共青团中央授予“人民安全青年卫士”称号。

是年　投入 150 万元的自来水接水引水工程竣工并投入使用。

1997 年

市政府在马桥乡开展合作医疗保险制度试点。

1998 年

苏中开关厂为巴基斯坦恰希玛核电站研制的 CCK-C 停堆断路器柜、PED-C 直流配电柜，通过机械工业部和核工业部科技成果鉴定。

1999 年

侯河中学高中部撤销，并入生祠中学。

2000 年

3 月 8 日　马桥乡、侯河乡、长里乡合并为新的马桥镇。

9 月　马桥镇新市村妇联主任夏桂芳获得由民政部、劳动部、全国总工会等单位联合颁发的“全国敬老好儿女金榜奖”奖牌。

11 月 19—20 日　《人民日报》、中央人民广播电台、中央电视台等中央各大媒体报道高津先进事迹。

11 月 21 日　马桥镇长坝村基层干部在涉农收费中作风粗暴致村民服农药身亡。事件发生后，市委立即成立调查组，展开全面调查，严肃查处涉案人员。

2001 年

6 月 6 日　经市政府批准，马桥镇实行行政村调整合并，原 35 个行政村合并为 23 个。

6 月　由农民自发集资 60 余万元建设的泰州市第一座秸秆气化站在徐周村竣工并投入使用。年末，该村有 60% 农户使用秸秆气。

年底　“伊香”牌猪肉脯获“江苏省乡镇企业名牌产品”称号。

是年　马桥镇成立马桥镇中心校，辖中小学校 13 所，在校学生 4429 人。

△　苏中开关厂 GCK-G 安全级低压抽屉柜获江苏省科技进步奖三等奖。

2002 年

7 月 4 日　马桥工业园区建立，位于靖西村内，东至陆三港西水泥路，西至广靖高速公路东控制线，南至靖西 2、8 队东西河，北至靖西 3、7 队埭前大路，总面积约 16.7 公顷。

8 月　“马洲”牌香沙芋入选江苏省第二批无公害农产品。

2003 年

2 月　市政府建设“非典防治”定点医疗机构，发热门诊和信息系统，市卫生部门指定马桥卫生院长里分院为发热门诊定点收治医院。

3月17日　马桥镇霍洪田被表彰为2002年度“全国青年工商创业带头人”。

3月　侯河幼儿园被教育部评为“科学认读—发展儿童语言及思维”实验幼儿园。

9月　江苏绿涛食品有限公司在马桥镇建成的泰州市首个进入转换期的有机蔬菜基地，通过国家环保总局有机食品发展中心有机蔬菜基地的检查认证。该基地投资50万元，面积20公顷，主要种植青刀豆、菜薹、荷仁豆等外贸蔬菜，年产500吨。

12月　“马洲”牌牛奶、“马洲”牌香沙芋、“为康”牌鹌鹑蛋通过国家认证，成为国家无公害农产品。

是年　江苏省天鹅乐器股份有限公司生产的“天鹅”乐器和靖江市伊香食品有限公司生产的“伊香”牌猪肉脯、猪肉干被江苏省名牌战略推荐委员会评为江苏省名牌产品。“天鹅”“伊香”2个商标被江苏省工商行政管理局评为江苏省著名商标。

2004年

2月　伊香食品有限公司获国家“C”计量能力确认证书，为靖江首家通过“C”标志认证的企业。

12月　龙王村被命名为首批省级“民主法治示范村”。

△　马桥镇首届群众文体节开幕。

△　靖江天胜机械制造有限公司成为马桥镇首个销售过亿元的企业。

△　马桥镇村村通上水泥路，并顺利通过省级验收。

2005年

7月18日　苏中开关厂研制的GCS-GIE级低压开关，通过同济大学国家重点实验室的振动台试验。该产品替代进口产品，应用于中国原子能科学研究院核反应堆应急电源系统。

2006 年

1月19日　马桥镇被中央宣传部等十部委联合表彰为“2001—2005 年全国婚育新风进万家活动先进镇”。

8月6日　幸福村党员干部现代远程教育播放点通过全国远程办验收，该村终端站点的设备符合全国远程办的技术方案要求，工程建设质量高，图像接受效果好，技术保障能力强，验收合格。

10月13日　徐周村以“富民和谐”的特色，被列为省新农村建设百村范例。

10月17日　国家统计局发布第二届全国城镇综合发展水平1000强名单，马桥镇名列947位。

12月4日　伊香食品有限公司的产品获国家免检产品称号。

2007 年

6月7日　“白衣堂的传说”入选泰州首批非物质文化遗产名录。

11月14日　马桥帮扶协会在徐周村正式成立，成为靖江首家农村帮扶协会。该协会主要资助马桥镇及周边地区的特困人员就医、贫困学子上学，帮助生活无助者解决基本生活问题。

11月　马桥镇划出龙王村、正西村、进步村、友仁村、靖西村（靖西居委）归靖城街道办事处管辖。

是年　马桥镇被江苏省体育局评为“江苏省体育强镇”。

△　马桥初中学生卢海燕获教育部举办的第二届全国青少年精品艺术展大赛初中组声乐一等奖，参加俄罗斯“中国文化年”活动，获“中俄文化艺术交流大使”称号。

△　徐周村被评为江苏省文明村。

△　马桥镇无公害粮油产地、畜禽产地、果品产地先后获得江苏省无公害产品认定证书。

2008 年

12月23日　马桥镇卫生院社区卫生服务中心成立。

是年　成立马桥镇残疾人联合会。

2009年

8月8日　马桥镇在徐周村举行农民集中居住点开工建设奠基仪式。

11月11日　马桥社区居民委员会挂牌成立，为马桥镇首个村居合一型社区。

12月　马桥镇被泰州市农业委员会评为“泰州市小康社会森林覆盖率达标镇”。

△　靖江市慈善总会马桥镇慈善分会成立，是年募集善款40万元。

是年　马桥镇中心幼儿园被评为“江苏省优质幼儿园”。

2010年

5月　在祖师村建成全市第一家残疾人托养服务中心。

12月20日　江苏星晨高速电机有限公司汪耕院士工作站揭牌。

是年　徐周中心村党委书记徐忠祥被评为全国劳动模范。

△　马桥镇建成农业部万亩小麦机条播示范片区和万亩水稻机插秧示范片区。

△　马桥镇举办第四届“华宇杯”群众文体节和首届读书节。

2011年

3月　马桥镇获评“江苏省放心消费创建活动先进单位”。

2012年

10月13日　马桥镇通过省卫生镇考核验收，成为靖江第四个省级卫生镇。

是年　马桥镇被江苏省文明委评为“江苏省文明镇”。

△　马桥镇被江苏省民政厅评为“江苏省和谐社区建设示范镇”。

△ 江苏天鹅乐器有限公司“天鹅”商标被国家工商行政管理总局认定为中国驰名商标。

2013 年

1 月　九一农机服务专业合作社获全国农机合作社示范社称号。

4 月 18 日　马桥镇被授予国家级生态乡镇（街道）荣誉称号。

11 月 15 日　马桥镇获省文明乡镇称号，徐周村获省文明村称号。

是年　马桥镇获评江苏省农产品安全示范镇。

△ 马桥镇中心幼儿园被江苏省妇女联合会评为“江苏省巾帼文明岗”。

△ 白衣村创成省级森林生态示范村，九一村创成省级村庄绿化示范村。

△“印象湖”牌香沙芋、“双久”牌大米等农产品通过农业部无公害农产品认证，“香羽”牌猪肉获江苏省名牌农产品称号。

2014 年

6 月 5 日　撤销马桥社区居民委员会，设立城西新苑社区居民委员会。

12 月 6 日　马桥畜牧兽医站副站长侯斌获 2014 年全国动物防疫职业技能大赛个人总成绩第一名。此赛事为全国畜牧兽医系统首次技能比赛，由农业部、中华全国总工会、人力资源和社会保障部联合举办。

是年　益源水果专业合作社的“出口草莓品质保障及产业化开发”入选 2014 年度国家星火计划引导项目。

△ 在马桥镇建立夏熟小麦高产增效“万亩示范片”，马桥秋熟水稻高产增效“万亩示范片”被评定为全省水稻 A 级示范片。

△ 正西村仁和蔬菜合作社采用“设施 + 营养液”方式打造靖江首个立体水培蔬菜基地。

2015 年

3 月　神一驰园合作社休闲渔业基地入选农业部第四批“全国休

闲渔业示范基地”名单，为靖江首家全国休闲渔业示范基地。

是年　正北村获评“江苏省水美乡村”。

△　马桥镇投资 2000 多万元，易地搬迁建成五轨制镇中心幼儿园。

△　横港村绿叶蔬菜专业合作社建成靖江首个芽苗菜工厂化生产系统，主要培植小麦苗、香椿苗、花生芽苗、松柳苗等。

△　横港村建成省级森林生态示范村。

2016 年

10 月　徐周村首家民宿沪靖农家乐开业。

是年　连接泰兴市曲霞镇的县道马曲线工程竣工。

△　马桥镇文体中心建成并投入使用。

△　绿野生态园“香羽”牌猪肉通过农业部畜禽产品质量安全监督检验测试中心检测、中国绿色食品发展中心审核，被认定为绿色食品 A 级产品，为靖江首个猪肉类绿色食品。

2017 年

3 月 13 日　靖江市首届岳飞文化节在马桥镇白衣堂岳文化主题园开幕。同时成立靖江岳飞文化研究会，设立岳飞文化主题图书馆，举行大型人文纪录片《岳飞》开机仪式。

是年　2017 靖江 · 马桥草莓节举办。

△　徐周村被中央精神文明指导委员会评为“全国文明村”，创建为省“三化”（彩色化、珍贵化、效益化）示范村，“大美徐周”获评江苏省主题创意农园。

2018 年

3 月　2018 靖江 · 马桥草莓节举办，吸引游客 2.5 万人次。

是年　江苏弈辉农业科技有限公司制作的芦笋小笼包获“中国名点”称号。

△　马桥初中 2018 年中考成绩名列靖江市农村中学榜首。

△　“禧柏乐”牌芦笋列入江苏省农产品品牌目录。

△　祖师村创建成为省“三化”示范村。

△　徐周村、迎祥村获评江苏省“一村一品一店”示范村，徐周村获评江苏省农村电商示范村。

2019 年

3 月　马桥镇举办 2019 靖江乡村旅游节暨马桥樱花草莓节。

6 月　镇退役军人服务站成立，为域内退役军人提供优待抚恤、就业创业等服务。

是年　马桥镇获评“江苏省农村一、二、三产业融合发展先导区”，马桥镇现代农业示范园区创成泰州市智慧农业示范园区。

△　江苏熠辉农业科技有限公司在江苏股权交易中心挂牌上市。

△　三爱村获评省级休闲农业示范村，莓好三爱主题农园获评省级主题创意农园。

△　九一村获评江苏省“一村一品一店”示范村。

2020 年

6 月 2 日　马桥镇徐周村入选江苏省“美丽家园”省级示范点。

9 月 19 日　2020“苏韵乡情”乡村休闲旅游农业（泰州）专场推介暨靖江 G12 农乐谷开园活动在马桥镇举行。

是年　马桥镇退役军人服务站创建成全国示范退役军人服务站。

△　徐周村获评“江苏省第三批次特色田园乡村”。

2021 年

3 月 26 日　由靖江市政府主办、马桥镇政府承办的 2021 马洲旅游暨马桥樱花节在 G12 农乐谷开幕。此次活动以“樱缘莓好，爱上马桥”为主题，至年底接待游客数万人次。

5月20日　徐周中心村入选2021年江苏省乡村旅游重点村。

8月17日　在中国农民丰收节靖江分会场，由马桥镇政府承办的首届马桥镇香沙芋文化艺术节在祖师村香沙芋种植基地开幕。此次艺术节主题为“相约祖师村，月下芋中秋”。

10月29日　徐周村获评“全国乡村治理示范村”。

10月　中央电视台至马桥镇采访报道“祖师”牌香沙芋，采访同步在中央财经频道“中央粮仓”栏目直播，马桥特色农产品的知名度因此进一步提高。

11月22日　大型历史锡剧《望岳情》入选2020年度江苏优秀文艺成果。

12月　马桥镇完成新开2亿元以上产业项目1个，G12农乐谷项目和富克斯项目通过泰州市政府核查，认定为“三比一提升”项目。

是年　马桥镇获评“江苏省生态文明建设示范乡镇”。

△　马桥镇实施“产业+N”脱贫攻坚帮扶计划，9个经济薄弱村、304户594人低收入农户全面脱贫。

△　马桥镇获评“国家卫生镇”。

△　樱花大道（马东线）获评江苏“美丽农村路”样板路。

△　徐周村党员组织生活馆入选“靖江市十佳党建示范点”。

2022年

1月18日　江苏城市频道与靖江融媒体中心联合举办江苏最美基层干部发布会。会上，“江苏最美基层干部”获得者——徐周中心村党委书记徐忠祥接受采访。

1月　马桥镇严家港位列泰州市级“五星”幸福河湖名单。

2月　马桥镇党委被中共泰州市委、市政府表彰为“2015—2021年度全市平安建设先进集体”。

△　马桥中心小学改扩建工程竣工，正式投入使用。

11月9日　靖江市“芋头集”开幕式暨乡村振兴“产业＋电商”推介会在马桥镇G12农乐谷举办。

是年　三爱村红色文化馆入选“靖江市十佳党建示范点”。

2023年

1月　泰州市农业农村局公布新一批市级数字农业农村基地认定结果，马桥都市现代农业产业园上榜。

3月19日　长三角草莓产业技术创新联盟成立暨2023靖江旅游节——樱花草莓节开幕式在马桥镇举行。

6月5日　马桥镇祖师红色基因教育实践基地在祖师村党群服务中心揭牌。

6月19日　“泰州市特派首席农技推广专家（团队）工作站靖江市集中授牌仪式”在马桥镇举行。

11月2日　马桥镇被农业农村部、中央宣传部、司法部联合认定为第二批“全国乡村治理示范乡镇”。

12月　横港村“绿美乡村”创建通过省级验收。

△　徐周村“大美徐周、田园康养，乡村休闲度假养老”项目在2023年度泰州市特色田园乡村高质量发展奖评比中获三等奖。

是年　三爱村入选第十一批“江苏省特色田园乡村”名单。

△　白衣中心村党员组织生活馆入选“靖江市十佳党建示范点”。

2024年

3月14日　江苏天鹅乐器有限公司入选“江苏老字号”名录。

3月24日　第二届岳文化节在马桥镇岳文化主题园举行。

3月29日　2024“苏韵乡情”休闲农业系列专场推介活动暨靖江旅游季“樱缘美好，爱上马桥”农文康旅嘉年华开幕式在马桥镇静园举行。

5 月　马桥镇人民政府政法和社会管理局被中共泰州市委记三等功。

6 月　旅外能人刘炎女士向家乡徐周村捐赠 100 万元文化基金。

是年　马桥镇在靖江市率先试点推进“土地二轮延包”工作，马桥村、祖师村、正北村为首批试点村。

△　马桥馄饨制作技艺入选靖江市第四批非物质文化遗产代表性项目名录。

第一篇
镇情概览

马桥镇地处靖江市中部，自然环境优越，具有发展现代农业良好的资源禀赋，在苏沪经济圈辐射带动下，工业经济集聚发展，现代农业融合发展，商贸服务业繁荣兴盛。2021 年，马桥镇实现地区生产总值 23.98 亿元，教育、文体、社会保障等各项社会事业实现均衡发展。

历史沿革

镇名由来

南宋建炎四年（1130），江淮镇抚使岳飞率军渡江淮流民至阴沙（马驮沙）垦荒定居，后奉诏换防江南，在一路东行时被一河港挡住去路，岳飞见状，命人砍伐树干，找来木板，迅速搭起一座水上浮桥，供战马和部队继续前行。岳家军走后，当地百姓在临时浮桥处支立起永久性木桥，取名“马桥”。此后“马桥”周边因交通便利渐成村落集镇。20 世纪下半叶，靖江区划几经撤并，因驻地“马桥”，所在的村、公社、乡、镇均以“马桥”命名。马桥镇名沿用至今。

建置区划

明成化七年（1471），靖江置县，马桥地处马驮沙西沙。明万历年间，靖江实行团图里甲制，全县设 10 团，马桥属长安团。清宣统元年（1909），全县 10 团 60 图合并为 9 个自治区，马桥属生祠市（自治区）。1929 年，全县实行区乡（镇）闾邻制，马桥属第五区（生祠区）。1940 年 8 月，靖江县抗日民主政府成立，下辖 8 个区，马桥属五区（侯河区）。1942 年 6 月，中共靖江县委重新划建 7 个区，马桥属侯河区，区署改称区公所，驻侯家市。1945 年 8 月，全县设 8 个区，马桥属侯河区。1949 年 5 月，侯河区下辖普正、新丰、岳北、七里、岳东、迎祥、文武、白衣、双店、新市、侯河、福兴、集福、龙王、生祠 15 个乡。

1950 年 1 月，靖江区划调整，马桥仍属侯河区。1955 年 8 月，侯河区并入生祠区。1956 年 8 月，全县撤区建乡，由生祠区一部和八圩区一部合并组建一乡，以驻地“马桥”而得名马桥乡；由生祠区撤销后分建一乡，以驻地侯家市原名侯河市而得名侯河乡。1958 年 10 月实行公社化，马桥乡、侯河乡合并为火花公社。1959 年 5 月，火花公社撤销，马桥、侯河

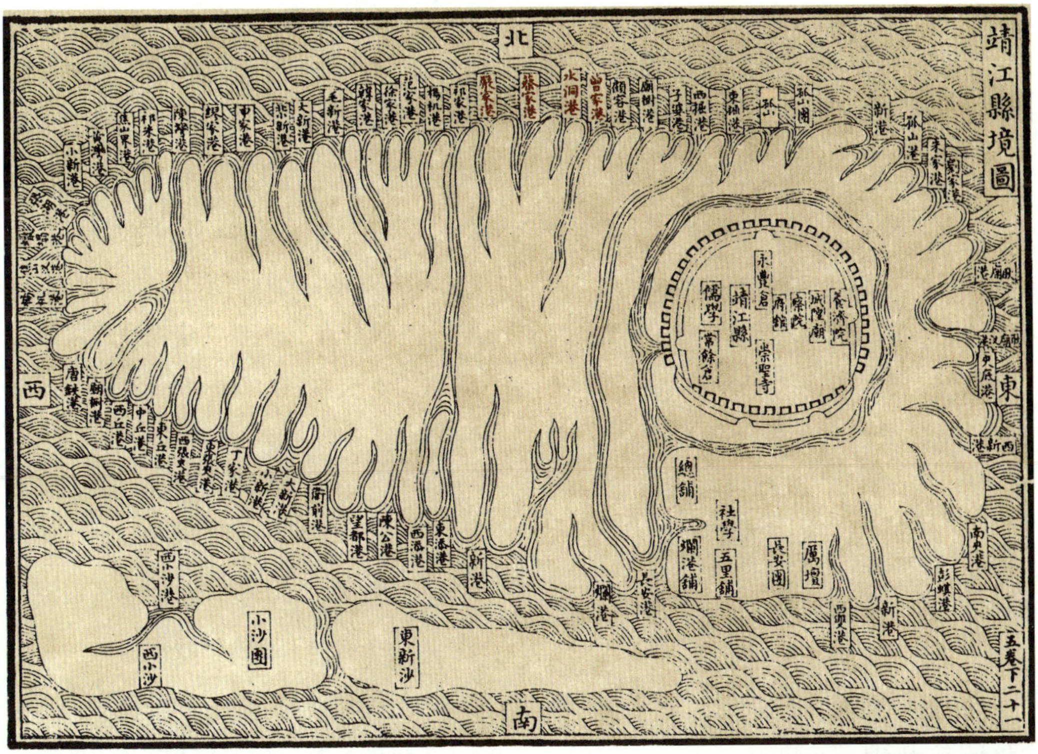

清咸丰年间的靖江县境图

分设，分别建立马桥人民公社、侯河人民公社。马桥人民公社辖 12 个生产大队和 2 个自然镇。1961 年，建立长里人民公社。1983 年，靖江撤社建乡，分别称马桥乡、侯河乡、长里乡。马桥乡辖 12 个行政村。2000 年 3 月，靖江乡镇撤并，马桥、侯河、长里 3 乡合并，称马桥镇，辖 35 个行政村。2001 年 6 月，靖江村（居）合并调整，调整后马桥镇辖 23 个行政村、3 个社区居委。2007 年 11 月，马桥镇 5 个村（社区）划归靖城街道管辖，马桥镇辖 18 个行政村、2 个社区居委。至 2021 年，马桥镇辖 18 个行政村、1 个社区，有 356 个村民小组、10 个居民小组。

区位

马桥镇位于北纬 32° 00'~32° 06'，东经 120° 11'~120° 14'，地处苏北平原南端，靖江市境中部，东接靖城街道、孤山镇，南濒城南办事处、东兴镇，西邻生祠镇，北临泰兴市曲霞镇、广陵镇。域内水网密布，横港、横河、界河与下六圩港、五圩港、水洞港、曾家港十字交汇，相互连通。马桥镇位于上海、南京都市圈的中间地带，距苏锡常、镇扬泰通等经济圈核心城市车程 1 小时左右。

面积

1987年,马桥乡土地面积20平方千米,侯河乡32平方千米,长里乡12平方千米。2000年3月,马桥、侯河、长里3乡合并为马桥镇,行政区域面积59.75平方千米,其中耕地面积50800亩。2007年11月,马桥5个村(社区)划归靖城街道,马桥镇行政区域面积为50.22平方千米。2021年,马桥镇行政区域面积50.31平方千米,其中镇区面积6.96平方千米;耕地面积41160亩,人均耕地面积1.14亩。

附:撤乡并镇

侯河乡　位于靖江市西北部,东为团结乡,南为长里乡、马桥乡,西为生祠镇,北与泰兴市曲霞镇、广陵镇隔界河相望。1958年建公社时属火花公社。1959年火花公社撤销,建侯河人民公社。1983年撤社建乡,称侯河乡,乡政府驻地侯家市。全乡行政区域面积32平方千米,耕地面积28555亩,辖16个村、1个县属农场、201个村民小组和1个集镇。有中学4所、小学15所。经伦庵烈士墓为靖江市爱国主义教育基地。靖江市正茂锚链附件厂、靖江市电器成套设备厂、靖江艾姆泰克环境工程有限公司等为乡骨干企业。1999年,全乡实现农村经济总收入2.89亿元。2000年3月整体并入马桥镇。

长里乡　位于靖江西部,东为靖城镇,南为城南乡,西为马桥乡,北为团结乡、侯河乡。1961年,由县畜牧场改建成立长里人民公社。1983年撤社建乡,称长里乡,乡政府驻大落地。全乡行政区域面积12平方千米,耕地面积12270亩,辖10个村、106个村民小组和1个良种场。有中学2所、建筑职业学校1所、小学9所。1998年3月,民兵、城西、正南3村划归靖城镇。靖江市大众汽修厂、长里五金厂等为乡骨干企业。1999年,全乡实现农村经济总收入1.89亿元。2000年3月整体并入马桥镇。2007年11月,整体划入靖城街道。

行政村（社区）

正北村　位于马桥镇东南部，京沪高速、省道S229穿村而过。东至靖城街道靖西村，南至靖城街道正西村，西至马桥村、横港村，北至靖城街道友仁村。2021年，村域面积1.63平方千米，耕地面积820亩，辖14个村民小组，户籍数489户，户籍人口1874人，常住人口1480人，村集体经济总收入114.32万元。域内有正北产业集聚区。该村先后获“泰州市文明村”“泰州市先进基层党组织”“江苏省水美乡村”“江苏省和谐社区建设示范村”“全国综合减灾示范村”等称号。

铭坤村　位于马桥镇东部，为纪念烈士史铭坤而得名。东至靖城街道友仁村，南至正北村，西至徐周村，北至经伦村。2021年，村域面积1.85平方千米，耕地面积1753亩，辖15个村民小组，户籍数575户，户籍人口1936人，常住人口1774人，村集体经济总收入91万元。域内有生态农业园G12农乐谷。该村先后获“泰州市‘微自治’优秀村”“泰州市文明村”等称号。

马桥村　位于马桥镇中部，为镇政府驻地村，2001年6月与九龙村合并成立。省道S336横贯东西，联马大道纵穿南北。东至正北村、铭坤村，南至横港村，西至九一村、白衣村，北至徐周村。2021年，村域面积3.24平方千米，耕地面积1941亩，辖22个村民小组，户籍数753户，户籍人口2492人，常住人口2198人，村集体经济总收入171万元。域内有马九瓜果、奥弘水产养殖、江阳家禽养殖、徐兴山羊养殖、孙氏果品等专业合作社。该村先后获“泰州市文明村”“江苏省文明村”等称号。

徐周村 位于马桥镇北部，东至铭坤村，南至南江平路，西至白衣村，北至白衣村。2021年，村域面积0.93平方千米，耕地面积1020亩，辖9个村民小组，户籍数248户，户籍人口884人，常住人口405人，村集体经济总收入148.96万元。域内有芦笋、葡萄种植，孙家老宅文博园，心诚养老护理院等12个特色农旅项目。该村先后获“江苏省文明村”“江苏省特色田园乡村”“江苏省生态家园示范村”“江苏省乡村旅游重点村”“江苏省‘一村一品一店’示范村”“全国文明村”“全国绿色小康村”“全国乡村治理示范乡村”“全国模范调解委员会”等称号，入选《江苏新农村建设百村范例》。

白衣村 位于马桥镇中西部，因域内有白衣堂而得名，2001年6月与晓阳村合并成立。东至铭坤村，南至马桥村、徐周村，西至栗树村，北至新市村、祖师村。2021年，村域面积2.7平方千米，耕地面积2068.9亩，辖22个村民小组，户籍数630户，户籍人口1870人，常住人口1850人，村集体经济总收入150.9万元。域内有神一驰园（岳文化主题园）。该村先后获“泰州市巾帼文明岗”“江苏省森林生态示范村”“江苏省环境优美村”“江苏省生态村”等称号。

栗树村 位于马桥镇西部，东至白衣村，南至南江平路，西至生祠镇生祠村，

徐周村党群服务中心

北至祖师村。2021 年，村域面积 1.98 平方千米，耕地面积 1654.7 亩，辖 15 个村民小组，户籍数 428 户，户籍人口 1280 人，常住人口 1105 人，村集体经济总收入 80.1 万元。域内有百年古树皂荚、厚壳树。

朝西村 位于马桥镇西部，因域内有朝西铺而得名。东至马桥村，南至九一村，西至生祠镇金星村，北至南江平路。2021 年，村域面积 1.95 平方千米，耕地面积 1670.8 亩，辖 13 个村民小组，户籍数 446 户，户籍人口 1286 人，常住人口 1230 人，村集体经济总收入 156.71 万元。该村先后获“泰州市文明村”“江苏省卫生村”等称号。

九一村 位于马桥镇西南部，2001 年 6 月与九里村合并成立。三九公路横穿村域。东至马桥村，南至横港村，西至生祠镇金星村，北至朝西村。2021 年，村域面积 3.17 平方千米，耕地面积 3150 亩，辖 26 个村民小组，户籍数 668 户，户籍人口 2028 人，常住人口 1426 人，村集体经济总收入 87.06 万元。域内有芦笋、紫糯米、芡实等特色农产品种植基地。该村先后获“泰州市全面小康建设先行村”“江苏省‘一村一品一店’示范村”“江苏省民主法治示范村”“江苏省绿化生态村”等称号。

横港村 位于马桥镇南部，东至正北村，南至横港，西至九一村，北至马桥村。2021 年，村域面积 2.03 平方千米，耕地面积 1663.7 亩，辖 15 个村民小组，户籍数 479 户，户籍人口 1556 人，常住人口 1257 人，村集体经济总收入 84.9 万元。域内有“香羽”牌生猪养殖基地。该村先后获“泰州市文明村”“江苏省民主法治示范村”“江苏省环境整治示范村”“江苏省和谐社区建设示范村”“江苏省卫生村”“江苏省水美乡村”等称号。

集福村 位于马桥镇东部，2001 年 6 月与锦观村合并成立。东至孤山镇李王村，南至靖城街道龙王村、进步村，西至经伦村，北至福兴村、侯河村。2021 年，村域面积 3.99 平方千米，耕地面积 3245.1 亩，辖 24 个村民小组，户籍数 894 户，户籍人口 2601 人，常住人口 1650 人，村集体经济总收入 82 万元。域内有花卉苗木、蔬菜种植基地。该村先后获省级创业型社区（村）等称号。

福兴村 位于马桥镇东北部，2001 年 6 月由万福村、四新村合并成立。东至孤山镇广陵村，南至集福村，西至侯河村，北至界河。2021 年，村域面积 3.5 平方千米，耕地面积 2655 亩，辖 22 个村民小组，户籍数 857 户，户籍人口 2657 人，常住人口 1540 人，村集体经济总收入 103.1 万元。

经伦村 位于马桥镇北部，因域内“经伦庵”而得名。东至水洞港，南至铭坤村，西至六圩港，北至侯河村。2021 年，村域面积 2.6 平方千米，耕地面积 2113.9 亩，辖 18 个村民小组，户籍数 547 户，户籍人口 1600 人，常住人口 1206 人，村集体经济总收入 100.76 万元。域内经伦庵抗日烈士陵园为靖江市爱国主义教育基地。

新市村　位于马桥镇中北部，东至经伦村，南至白衣村，西至祖师村，北至三爱村。2021 年，村域面积 2.1 平方千米，耕地面积 1790.8 亩，辖 14 个村民小组，户籍数 478 户，户籍人口 1417 人，常住人口 935 人，村集体经济总收入 67.6 万元。该村先后获“泰州市文明村”“江苏省卫生村”等称号。

祖师村　位于马桥镇西北部，因域内孔家埭建有祖师堂而得名。2001 年 6 月与邵恩村合并成立。东至新市村，南至栗树村，西至生祠镇生祠村，北至三爱村。2021 年，村域面积 3.87 平方千米，耕地面积 3108.1 亩，辖 26 个村民小组，户籍数 806 户，户籍人口 2422 人，常住人口 1364 人，村集体经济总收入 69.62 万元。域内“祖师”牌香沙芋为江苏省名特优农产品。该村先后获“江苏省卫生村”“江苏省‘三化’（彩色化、珍贵化、效益化）示范村”等称号。

迎祥村　位于马桥镇西北部，2001 年 6 月与长坝村合并成立。东至幸福村，南至三爱村，西至生祠镇七一村，北至泰兴市曲霞镇。2021 年，村域面积 3.2 平方千米，耕地面积 2850 亩，辖 24 个村民小组，户籍数 681 户，户籍人口 2088 人，常住人口 1223 人，村集体经济总收入 54.78 万元。域内有 300 吨级粮食烘干加工中心及中华绒螯蟹养殖基地。该村先后获“泰州市‘一村一品’示范村”“泰州市文明村”“江苏省‘一村一品一店’示范村”等称号。

幸福村　位于马桥镇北部，2001 年 6 月与三义村合并成立。国道 G345（北江平路）横穿村域。东至侯河村，南至三爱村，西至迎祥村，北至界河。1947 年 9 月，高何剧团在该村成立。1964 年 3 月，幸福大队准东生产队获江苏省省长惠浴宇签发的“奖给一九六三年农业先进单位”奖状。2006 年 8 月，该村远程教育终端站点通过全国远程教育办公室验收。2021 年，村域面积 3.69 平方千米，耕地面积 3043.8 亩，辖 23 个村民小组，户籍数 790 户，户籍人口 2305 人，常住人口 1087 人，村集体经济总收入 94.1 万元。域内有工业企业 8 家及红枫、中山杉苗木基地。该村获“泰州市环境整治示范村”等称号。

三爱村　位于马桥镇北部，2001 年 6 月与义高村合并成立。东至侯河村、经伦村，南至新市村、祖师村，西至生祠镇，北至幸福村、迎祥村。2021 年，村域面积 3.88 平方千米，耕地面积

3193.9亩，辖29个村民小组，户籍数792户，户籍人口2249人，常住人口1425人，村集体经济总收入77.4万元。域内有草莓种植及牛蛙、螃蟹、河虾养殖基地。该村获“泰州市文明村”“泰州市‘一村一品’示范村”“泰州市特色田园乡村”“江苏省主题创意农园”“江苏省水美乡村”“江苏省休闲农业示范村”等称号。

侯河村　位于马桥镇北部，又名侯家市，2001年6月与新圩村合并成立。京沪高速、国道G345纵横交错，穿村而过。东至福兴村，南至经伦村、集福村，西至三爱村，北至界河。2021年，村域面积4平方千米，耕地面积3247.9亩，辖24个村民小组，户籍数1097户，户籍人口3379人，常住人口1986人，村集体经济总收入207.52万元。域内有靖江正茂锚链附件有限公司等20多家工业企业及5个高效农业项目。该村获“泰州市文明村”等称号。

城西新苑社区　位于马桥镇南江平路南北两侧，2014年6月由马桥社区居委会撤销后成立。东至六圩路，南至三九公路，西至樱花大道，北至徐周村周家埭。2010—2020年建成5期联排别墅，为靖江市首批新农村集中居住区建设试点工程。2021年，辖区面积0.7平方千米，辖10个居民小组，住户数1484户，常住人口2200余人。域内建有静园。社区获“江苏省民主法治示范社区”等称号。

城西新苑社区鸟瞰

马桥镇村（居）民小组与自然埭对照表

表 1-1

村（社区）	自然埭	村（居）民小组
正北村	前鞠家埭	一组
	水洞港	二组
	聚乐埭	三组
	钱家湾	四组
	又盈埭	五组
	顶夹埭	六组
	陈家桥	七组
	刘家埭	八组
	北刘家洋行	九组
	王家落地	十组
	孙家场	十一组
	贾家埭	十二组
	后鞠家埭	十三组
	南刘家洋行	十四组
马桥村	南九龙埭	南一组
	东九龙埭	南二组
	西九龙埭	南三组
	孙家湾埭	南四组
	刘家埭	南五组
	马家埭	南六组
	何家半埭	南七组
	若圩桥埭	南八组
	西旗杆埭	南九组
	东旗杆埭	南十组
	张家埭	南十一组
	钱家湾	南十二组
	朱家场埭	南十三组
	杨家埭	南十四组
	庄子埭	南十五组
	河边埭	北一组
	陈东埭	北二组
	长埭	北三组
	钱家埭	北四组
	谢家埭	北五组
	刘家角埭	北六组
	陈西埭	北七组

村（社区）	自然埭	村（居）民小组
铭坤村	半埭	一组
	半田场	二组
	倪家场	三组
	史东埭	五组
	史西埭	六组
	孙家埭	七组
	沟南埭	八组
	沟北埭	九组
	刘家埭	十组
	张严王埭	十一组
	钱东埭	十二组
	扁圩埭	十三组
	钱西埭	十四组
	严东埭	十五组
	严西埭	十六组
徐周村	刘家埭	一组
	后谢家埭	二组
	周东埭	三组
	周西埭	四组
	蔡家埭	五组
	徐东埭	六组
	徐中埭	七组
	薛家埭	八组
	徐西埭	九组
栗树村	七宿埭	一组
	孙家埭	二组
	西前高家埭	三组
	老高家埭	四组
	顶夹埭	五组
	刘家埭	六组
	陈家埭	七组
	马家埭	八组
	李家埭	九组
	张家埭	十组
	西秦家场	十一组
	顾家埭	十二组

续表 1–1

村（社区）	自然埭	村（居）民小组
栗树村	东秦家场	十三组
	小陈家埭	十四组
	东前高家埭	十五组
白衣村	东新谷埭	东一组
	西新谷埭	东二组
	钱家埭	东三组
	蔡家埭	东四组
	长孙家埭	东五组
	薛家埭	东六组
	磨子桥埭	东七组
	梧桐树埭	东八组
	陈家角落（叫驴埭）	西一组
	南街	西二组
	西街	西三组
	北街	西四组
	朱家场	西五组
	朱家埭	西六组
	宋家市	西七组
	刘家埭	西八组
	金家埭	西九组
	张家落地	西十组
	袁家埭	西十一组
	蒋家埭	西十二组
	邓家埭	西十三组
	江家埭	西十四组
九一村	周家埭	东一组
	宋家埭	东二组
	东花家埭	东三组
	张家湾	东四组
	桑木桥	东五组
	中心埭	东六组
	何家湾	东七组
	左家埭	东八组
	西刘家埭	东九组
	前顾家埭	东十组
	后顾家埭	东十一组
	戴家埭	东十二组

村（社区）	自然埭	村（居）民小组
九一村	陈家埭	西一组
	西花家埭	西二组
	庄埭	西三组
	黄家埭	西四组
	港西埭	西五组
	刘东埭	西六组
	刘西埭	西七组
	刘家半埭	西八组
	高家埭	西九组
	徐家埭	西十组
	刘子埭	西十一组
	老虎埭	西十二组
	沟南埭	西十三组
	横港边	西十四组
朝西村	朱家埭	一组
	祠堂埭	二组
	西羊家埭	三组
	中羊家埭	四组
	东羊家埭	五组
	西丁家埭	西六组
	东丁家埭	东六组
	黄家湾	七组
	邓家埭	八组
	黄家埭	九组
	陈家埭	十组
	顾家埭	十一组
	文昌市	十二组
横港村	陈家桥埭	一组
	西陈家桥埭	二组
	西陈家洋行	三组
	五瑞桥埭	四组
	东朱洋行	五组
	朱家洋行	六组
	面店桥埭	七组
	七旺场	八组
	陈家落地	九组
	朱家埭	十组
	东南埭	十一组

续表 1-1

村（社区）	自然埭	村（居）民小组
横港村	吴家埭	十二组
	陈家埭	十三组
	三家村	十四组
	东陈家桥埭	十五组
集福村	黄家埭	黄家组
	八房埭	八房组
	正七埭	正东组
		正西组
	陆半埭	陆半组
	观音堂埭	观东组
		观中组
		观西组
	单杨树埭	单东组
		单西组
	高家埭	高家组
	毛豆角埭	毛豆组
	陆家埭	陆家组
	前门埭	前东组
		前中组
		前西组
	靖公埭	靖公组
	商家埭	商西组
		商东组
	小房埭	小房组
	湾斗埭	湾斗组
	小东埭	小东组
	集福庵	集东组
		集西组
福兴村	郑家埭	郑家组
	地藏殿	地藏组
	老虎埭	老虎组
	灯北埭	灯北组
	灯家埭	灯西组
	灯阁埭	灯东组
	皮匠埭	皮匠组
	十王殿	十王组
	长埭市	长东组
		长西组
福兴村	长埭市	长北组
	立新埭	立新组
	高家埭	高家组
	徐家埭	徐家组
	福兴庵	福东组
		福西组
	顾家场	顾家组
	烧火棒埭	烧火棒组
	鞠家埭	鞠东组
		鞠中组
		鞠西组
	崔家湾	崔家组
经伦村	徐家埭	一组
	侯家埭	二组
	吴家埭	三组
	项南埭	四组
	新埭	五组
	东项埭	六组
	西项埭	七组
	东半埭	八组
	西半埭	九组
	东长埭	十组
	中长埭	十一组
	西长埭	十二组
	农场埭	十三组
	桃一埭	十四组
	桃二埭	十五组
	桃三埭	十六组
	东桃埭	十七组
	顾半埭	十八组
新市村	板桥埭	一组
	夏南埭	二组
	孙家埭	三组
	殿子埭	四组
	丁柴弄	五组
	江家埭	六组
	夏家埭(夏东)	七组
	夏家埭(夏西)	八组

续表 1–1

村（社区）	自然埭	村（居）民小组
新市村	王家埭(王西)	九组
	王家埭(王东)	十组
	油榨头(东油)	十一组
	油榨头(中油)	十二组
	油榨头(西油)	十三组
	蔡家埭	十四组
祖师村	陈家观音堂埭	西陈组
	戴家观音堂埭	戴观组
	范家埭	范家组
	韩家埭	韩东组
		韩西组
	后戴家埭	后戴组
	季家埭	季家组
	贾家埭	西贾组
	刘家埭	刘家组
	前戴家埭	前戴组
	王家桥	王家组
	徐家埭	徐家组
	周家埭	周家组
	朱家埭	朱家组
	北杨家埭	北杨组
	陈家埭	东陈组
	丁柴村	丁柴组
	高家埭	高家组
	贾家埭	东贾组
	江家坝	江家组
	孔家埭	孔家组
	刘半埭	刘半组
	马家埭	马家组
	南杨家埭	南杨组
	谭家埭	谭家组
	文武殿埭	文武组
迎祥村	李家埭	李东组
		李中组
		李西组
	北空埭	北空组
	灰元埭	灰东组
		灰西组

村（社区）	自然埭	村（居）民小组
迎祥村	七家村埭	七家组
	大坝头埭	大坝组
	校东埭	校东组
	侯家场埭	侯家组
	北张埭	北张组
	长埭	长埭组
	天河埭	天东组
		天西组
	南羊埭	南羊组
	南空埭	南空组
	北羊埭	北羊组
	陈家埭	陈家组
	施家埭	施南组
		施北组
	夹阳埭	夹阳组
	中张埭	中张组
	前张埭	前张组
	崔家埭	崔家组
幸福村	小市半埭	半东组
		半西组
	陆家埭	陆东组
		陆西组
	李家埭	李东组
		李西组
	石家埭	石东组
		石西组
	盛家埭	盛家组
	朱家埭	朱家组
	夏家埭	夏东组
		夏西组
	何家埭	何东组
		何西组
	高家埭	高家组
	陈家埭	陈家组
	三圩埭	三圩组
	小陆家埭	小陆组
	准堤庵	准东组
		准西组

续表 1-1

村（社区）	自然埭	村（居）民小组
幸福村	曹家埭	曹家组
	吴家埭	吴东组
	吴家埭	吴西组
三爱村	中东埭	东一组
	中西埭	东二组
	三官殿埭	东三组
	吴家埭	东四组
	北东埭	东五组
	北西埭	东六组
	小东埭	东七组
	小西埭	东八组
	大王埭	东九组
	小王埭	东十组
	孙东埭	东十一组
	孙西埭	东十二组
	三家村埭	东十三组
	罗志埭	东十四组
	拦东埭	东十五组
	拦西埭	东十六组
	夹东埭	东十七组
	夹西埭	东十八组
	侯东埭	西一组
	侯西埭	西二组
	祁三品埭	西三组
	面店埭	西四组
	义如埭	西五组
	薛家埭	西六组
	潘东埭	西七组
	潘西埭	西八组
	高家埭	西九组
	殷家埭	西十组
	陈家埭	西十一组
侯河村	于家埭	于家组
	大何埭	大何组

村（社区）	自然埭	村（居）民小组
侯河村	小何埭	小何组
	朱家弄埭	朱家弄组
	商家埭	商家组
	左家埭	左家组
	市东埭	市东组
	良种场埭	良种场组
	二圩埭	二圩组
	东八圩埭	东八圩组
	中八圩埭	中八圩组
	西八圩埭	西八圩组
	小八圩埭	小八圩组
	新村埭	新村组
	七圩埭	七圩组
	大通镇埭	大通镇组
	东珠埭	东珠组
	中珠埭	中珠组
	西珠埭	西珠组
	潘家埭	潘家组
	市南埭	市南组
	东陆埭	东陆组
	中陆埭	中陆组
	西陆埭	西陆组
	集镇	集镇
城西新苑	南一区	南一区
	南三区	南三区
	南四区	南四区
	南五区	南五区
	南六区	南六区
	南七区	南七区
	南八区	南八区
	北二区	北二区
	北三区	北三区
	北四区	北四区
	—	—

自然环境

地质　地貌　土壤

地质　马桥镇地层属华南型扬子地层区、下扬子地层分区、江南地层小区。构造上属四级构造单元的下扬子台褶带的次一级构造单元——江阴、常熟穹断褶束的一部分。

地貌　马桥地处横港以北，习称“老岸”，由牧马大沙发育而成，属长江三角洲冲积平原。域内河港纵横，地势平坦，地貌单一，略呈南低北高。地面高程3~4.5米（黄海高程），属老岸高平田区，土地平整程度及灌溉条件不亚于沿江圩田区，具有典型的苏中平原水乡风貌特征。

土壤　马桥镇土壤土类属水稻土，土属为淤泥土，土种为淤泥土和薄层淤泥土。马桥片区多为淤泥土（又称“黄泥土”），高程2~3米，渗育层平均厚度36.5厘米，表土养分含量较高，有机质1.89%，pH值7.89，田间持水量32.46%，旱季地下水位1米左右，土壤持水保肥性能良好，适宜水稻生长，旱作物发苗性差。侯河片区多为薄层淤泥土（又称“黄土”“死黄土”），高程2~3米，渗育层厚度21.6厘米，表土养分含量较高，有机质1.96%，pH值7.95，田间持水量32.85%，通气性略差，适宜水稻生长。

动植物

动物　禽类有麻雀、燕、白头翁、喜鹊、鱼鹰、斑鸠、黄雀等。哺乳类有鼠、刺猬、黄鼠狼、水獭等。两栖类有青蛙、蟾蜍。爬行类有赤链蛇、蝮蛇、水蛇、壁虎、龟、鳖等。鱼类有青鱼、草鱼、鳙鱼（花鲢、灰鲢）、鲤鱼、鲫鱼、鳜鱼、鳊鱼、乌鳢（黑鱼）、黄鳝、泥鳅、银鱼、鲈鱼等。节肢动物有蜻蜓、螳螂、蜜蜂、桑蚕、蟋蟀、蜘蛛、地鳖虫、青虾、白虾、龙虾、河蟹、蟛蜞等。软体动物有河蚌、蜗牛、田螺、河螺、河蚬等。环节动物有蚯蚓、宽体金线蛭等。家禽家畜有猪、牛、羊、鸡、鸭、鹅、狗、兔、猫等。

植物 域内粮食类有粳稻、糯稻、小麦、玉米、山芋、芋头、大豆、蚕豆、豌豆、芡实等。经济类有油菜、芝麻、花生等。蔬菜类有青菜、韭菜、芥菜、甜菜、秧草、茼蒿、苋菜、菠菜、芹菜、大白菜、包菜、葱、蒜、莴苣、芦笋、萝卜、茄子、番茄、椒、空心菜、扁豆、豇豆、慈姑、茭白、冬瓜、南瓜、丝瓜、笋瓜、黄瓜、蘑菇、平菇等。瓜果类有西瓜、香瓜、桃、

梨、枇杷、柿、枣、葡萄、菱、莲藕、樱桃、荸荠、石榴、草莓、无花果等。竹类有淡竹（篾竹）、早竹（燕竹）等。花卉类有月季、玫瑰、牡丹、芍药、凤仙、鸡冠花、菊、蜡梅、红梅、蔷薇、杜鹃、迎春、万年青、兰、君子兰、荷花、水仙、含笑、海棠、牵牛花、紫荆、紫薇、常春藤、夜合、文竹、绿萝、一叶兰、一串红、芦荟、仙人掌、茶花、茶梅等。树木类有柏、杨、柳、榉树、榆树、槐树、桑、香椿、皂荚、枫树、冬青、

泡桐、水杉、银杏、桂花、香橼、香樟等。

古树名木 马桥镇共有百年以上古树名木28棵。九一村七队一棵银杏树，树龄150年，胸径75厘米，高21.3米。栗树村10组一棵厚壳树，树龄152年，胸径87厘米，树高13.5米。

水系 水文

水系 马桥镇有一级河道3条、二级河道14条，其中一级河道为横港、靖泰界河、六圩港，为全镇重要引、排通道。南为横港，北为靖泰界河，六圩港贯通南北。此外，全镇还有村（社区）级河道（三级河道）391条，均为村（社区）埭前埭后沟河。

水位 长江靖江段属完全感潮河道区，潮型为正规半日潮。每日出现最高、最低潮各两次，每次涨潮时间持续3小时左右，落潮时间持续9小时左右。次日高、低潮出现的时间约比前一日滞后45分钟。高潮位出现在每年的6—9月，低潮位出现在冬春季节。马桥镇域内河港密布，南北走向的河港大多南通长江、北连界河，故内河潮起潮落现象较为明显。内河平均最高水位3.48米，最低水位0.91米;地下水位平均最高水位2.84米，最低水位1.29米。

水资源 马桥镇域内地下水资源丰富、水质优良，年均资源量0.65亿立方米，主要存在于第四系松散沉积物含水层（潜水含水层和第一、二、三承压含水层）。潜水含水层厚度一般在20~50米之间，单井涌水量大于300立方米/天。第一承压含水层顶板埋深一般在30~50米之间，厚度一般大于50米，水质为矿化度1~3克/升微咸水，单井涌水量一般大于3000立方米/天。第二承压含水层顶板埋深一般在100~120米之间，厚度一般在50米以上，水质为矿化度1~3克/升微咸水，单井涌水量1000~3000立方米/天。第三承压含水量顶层埋深一般在160~200米之间，厚度在50米以上，水质为淡水，单井涌水量1000~3000立方米/天。

气候

马桥镇地处亚热带湿润气候区，受季风环流影响，具有明显的海洋性、季风性、过渡性气候特点。夏季炎热多雨，冬季寒冷少雨，春秋冷暖、干湿多变。

气温 年平均气温为16.3℃。1月份最冷，月平均气温3.5℃，极端最低气温－12℃（1969年2月25日）；7月份最热，月平均气温28.5℃，极端最高气温39℃以上（2017年7月21—29日）。

日照 年平均日照时数2114.5小时，年均日照率48%。夏季日照时数最多，

2021 年马桥镇一、二级河道一览表

表 1–2

级别	名称	走向	起讫地点	流经村（社区）	域内长度（千米）
一级河道	横港	东西	长新桥—三圩港	横港村、九一村	3.5
	靖泰界河	东西	陆三港—四圩港	福兴村、侯河村、幸福村、迎祥村	8
	六圩港（蔡家港）	南北	横港—界河（蔡家埭—界河）	横港村、正北村、铭坤村、经伦村、新市村、三爱村、侯河村、幸福村	10.3
二级河道	庙宇港	南北	单杨树埭—王家坝	集福村	2.2
	陆三港	南北	正七埭—界河	福兴村、集福村	4.5
	曾家港	南北	正七埭—界河	福兴村、集福村	4.4
	水洞港	南北	团河—界河	侯河村、经伦村、铭坤村	8.2
	严家港	南北	北横港—界河	幸福村、三爱村、新市村、白衣村、徐周村、马桥村	8.5
	五圩港	南北	横港—界河	幸福村、三爱村、新市村、白衣村、朝西村、九一村、横港村	10.1
	洋铁港	南北	江平路南—侯河横港	白衣村、祖师村	3
	刘四港	南北	江平路—提排站	幸福村、迎祥村、三爱村、祖师村、栗树村、白衣村	5.8
	四圩港	南北	横港—界河	迎祥村、祖师村、栗树村、朝西村、九一村、三爱村	9.9
	小三圩港	南北	横港—高家埭	朝西村、九一村	3.2
	三圩港	南北	横港—侯河横港	迎祥村、三爱村、祖师村、栗树村、朝西村、九一村	5.3
	团河	东西	水洞港—四圩港	马桥村、白衣村、朝西村	3.5
	侯河横港	东西	战备桥—三圩港	祖师村、经伦村、新市村	4.9
	北横港	东西	六圩港—四圩港	横港村、马桥村、九一村	3.3

光照强度最强，春秋次之，冬季最少、最弱。7月日照时数最多，平均219.7小时；1月日照时数最少，平均136.3小时。

降水　年平均降水量为1078.6毫米，最大月降水量640.7毫米（2015年6月）。汛期（5—9月）平均降水量797.2毫米，占全年降水量的65.9%。每年的6月、7月为梅雨期（该时段为江南梅子成熟期，称为“梅雨”），入梅平均日期在6月19日，出梅平均日期在7月12日。梅雨期平均24天，平均梅雨量230.6毫米，最大梅雨量为832.7毫米（1991年），偶有“空梅”现象。

自然灾害

马桥镇常见的自然灾害有水灾、风灾、雹灾、高温、雷电、暴雪、寒潮、大雾、暖冬。域内重大自然灾害事件主要有：1980年7月21日，大风；1981年5月1日，大风、暴雨、冰雹；1986年7月27日，暴风雨；1992年5月6日，龙卷风，最大风力10级；1994年7月16日，强对流天气，风力9级，最大雹粒直径15毫米；1996年8月12日下午，暴雨持续100分钟，雨量160毫米；2003年7月21日，龙卷风，最大风速19.0米/秒；2007年7月21日，雷电；2017年3月1日下午，突刮9级大风。

物候

动物候　立春鸟鸣，春分燕筑巢，五月布谷声声，八月雁来，十一月大雁南飞。

动物预警　蜻蜓成群低飞、蚂蚁路上结队搬迁、鸡晚进窝、鱼跃水面，预示风雨；蜘蛛吐丝结网，预示天晴；蝉鼓噪不休，鸪白昼蹄叫，预示天热；蛙声不绝，预示旱情。

植物候　域内三麦，水稻、果树、竹类主要生育期物候指标，见下列诸表。

马桥镇三麦主要生育期物候指标一览表

表 1–3

主要生育期		播种出苗		分蘖越冬		返青、拔节、孕穗		抽穗成熟	
品种		元麦、大麦	小麦	元麦、大麦	小麦	元麦、大麦	小麦	元麦、大麦	小麦
日期		10月中旬至10月下旬	10月下旬至11月上旬	11月中旬至2月上旬	12月上旬至2月上旬	2月上旬至3月下旬	2月上至4月上旬	4月上旬至5月中旬	4月中旬至6月上旬
有利条件	气温	13~18℃		3~12℃		12~18℃ 返青＞3℃ 拔节＞10℃		16~21℃	
	其他	晴、无连续阴雨		晴		晴、墒情好		晴、日照充足，有微风	
不利条件	气温	＜10℃或＞20℃		＜2℃或＞18℃		＜－5℃		＞25℃或＜7℃	
	其他	晴、无连续阴雨		晴		晴、墒情好		晴、日照充足，有微风	

马桥镇水稻（粳稻）主要生育期物候指标一览表

表 1–4

主要生育期		播种、幼苗	移栽、返青	分蘖	拔节、孕穗	扬花、抽穗	灌浆、成熟
有利条件	气温	10℃~12℃	＞15℃	≥25℃更宜	16℃~21℃	≥20℃ 28℃~32℃最宜	昼夜温差大
	其他	15℃~20℃为宜，播期为5月初	连续4~5个晴天	日照充足	日照充足，雨量适中	天气晴朗，微风	养分、光照充足，干、湿交替
不利条件	气温	温差≥10℃	＜15℃	日均气温＜15℃或＞37℃	＜20℃	＜15℃	日均气温＞30℃
	其他	连阴雨多日	大风或连阴雨	阴雨连绵，天气干旱	旱或涝	连阴雨或大风	大风暴雨，干旱缺水

马桥镇果树主要生育期物候指标一览表

表 1-5

生育期 树种	萌芽	花叶期	成熟期	落叶期	不利条件
桃	3 月中旬	4 月上、中旬	6 月下旬至 7 月中旬	11 月下旬	倒春寒， 连阴雨， 大风。
梨	3 月底前	3 月下旬至 4 月上旬	7 月中、下旬	11 月上、 中旬	
枇杷	4 月上旬	前年 11 月 下旬	次年 5 月下旬 至 6 月上 旬	——	1 月、2 月气温 过低，成期高温

马桥镇竹类主要生育期物候指标一览表

表 1-6

品　种	笋　期	不利条件
燕　竹	4 月上旬	涝渍、大风、大雪
篌　竹	5 月上旬	

人口

总量

1934 年，侯河区总人口 33658 人，人口密度 410 人 / 平方千米。中华人民共和国成立后，马桥、侯河、长里三地人口增长较快。1987 年，马桥乡总户数 4953 户，人口 17699 人，占全县总人口的 2.83%，其中男 8927 人、女 8772 人，人口密度 885.0 人 / 平方千米。侯河乡总户数 7388 户，人口 28201 人，占全县总人口的 4.52%，人口密度 881.3 人 / 平方千米。长里乡总户数 4170 户，人口 14838 人，占全县总人口的 2.38%，人口密度 1236.5 人 / 平方千米。2000 年第五次人口普查，马桥镇总户数 12721 户，人口 38848 人，占全市总人口的 7.5%。2007 年 11 月，行政区划调整后，马桥镇人口数为 37300 人。2010 年第六次人口普查，马桥镇总户数 11067 户，人口 32710 人，占全市总人口的 4%，其中男 16261 人、女 16449 人，性别比为 98.86。2021 年，马桥镇户籍总数 11696 户，户籍人口 36000 人，占全市户籍总人口的 5.6%，其中男 18016 人、女 17984 人，性别比为 100.68；常住户数 10670 户，常住人口 24968 人；人口出生率 2.94‰，自然增长率 -10.11‰。

结构

文化结构　2010 年第六次人口普查，马桥镇 31741 名 6 岁及以上人口中，未上过学的有 773 人，小学文化 10125 人，初中 15491 人，高中 4107 人，大学专科 1055 人，大学本科 188 人，研究生 2 人。2020 年第七次人口普查，马桥镇 25276 名 3 岁及以上人口中，未上过学的有 327 人，学前教育的有 369 人，小学文化 7723

人，初中11595人，高中3409人，大学专科1248人，大学本科565人，硕士研究生32人，博士研究生8人。

年龄结构 2010年，马桥镇总人口32710人中，0~14岁2458人，占总人口7.51%；15~59岁21285人，占总人口65.08%；60岁及以上8967人，占总人口27.41%。2021年，马桥镇户籍总人口36000人，其中60岁及以上12637人（100岁及以上7人，最高年龄104岁），占总人口的35.1%，占比高于全市平均水平，人口老龄化趋势明显。

民族结构 马桥镇人口以汉族为主，少数民族人口占比较小。2001年，马桥镇有少数民族9人。2010年，马桥镇有少数民族13个族别共46人，其中男9人、女37人。2021年，马桥镇有少数民族18个族别共87人，其中男20人、女67人。5人以上的族别有壮族（15人）、苗族（14人）、土家族（13人）、瑶族（8人）、满族（8人）、彝族（5人）、布依族（5人）。婚姻迁入是少数民族人口增加的主要原因。

姓氏结构 2021年，马桥镇有姓氏235个（复姓2个），只有1人的姓氏有44个。人口数量排列前6位的姓氏依次是刘、陈、朱、何、陆、张。

经济发展

总量与结构

中华人民共和国成立后至改革开放前，马桥经济以农业生产为主，经济基础薄弱，发展水平相对滞后。20世纪70年代末，社队工业得到发展，个体工商户开始涌现。80年代起，乡镇工业发展步伐加快。1987年，马桥、侯河、长里实现农副业总产值分别为1483万元、1576万元、821万元，实现工业总产值分别为6122万元、5531万元、3207万元。1999年，3乡实现农村经济总收入分别为3.26亿元、2.89亿元、1.89亿元。2001年，撤乡并镇后的马桥镇实现地区生产总值3.93亿元，完成农业总产值1.2亿元，工业销售收入5.86亿元，三产增加值1.66亿元。2010年，马桥镇完成地区生产总值13.01亿元，其中第一产业2.01亿元、第二产业8.24亿元、第三产业2.76亿元，一、二、三产业之比为15:63:22。实现农业总产值2.99亿元，工业总产值31.01亿元。2021年，马桥镇实现地区生产总值23.98亿元，其中第一产业3.08亿元、第二产业14.21亿元、第三产业6.69亿元，一、二、三产业之比为13:59:28。是年，马桥镇实现财政总收入1.94亿元，其中一般公共预算收入8398万元。新签约亿元以上项目10个，其中5亿元以上项目1个，外资项目1个，总投资15.86亿元和3200万美元，实际利用外资1370万美元；限上社会消费品零售总额3.05亿元。

农业

民国时期，侯河为靖江的杂粮种植区。中华人民共和国成立前，马桥农业按照传统的“麦、稻、棉”种植模式，品种单一，产量低下。1950年，三麦、水稻、棉花亩产分别为58千克、176千克、9

千克。1955年，侯河拦港坝桑苗圃场、经纶苗圃建成。1962年，马桥朝西大队被确定为稻麦特约繁种基地。1970年，马桥、长里成为靖江栽桑的重要地区。1974—1979年，侯河乡9条大港连圩养鱼，面积1100余亩。1981年春，侯河公社迎祥大队采用“摘芯分杈增条数”新技术，2年成林，形成速成高产桑园。1984年，经纶村桃一生产队农民陈浩，栽培蘑菇67平方米，总收入1400元，平均每平方米产值20.9元。九里村四队黄东成，接种银耳1.35万袋，种植蘑菇111平方米，总产值1.24万元，1985年获“全国新长征突击手”称号。是年10月26日，扬州市委、市政府在马桥乡召开所辖各县农业局长会议，要求各地学习马桥经验，全面推广免耕法。是年，马桥乡组织乡、村、厂干部包村、包队、包户，与群众一起进行农田一套沟建设，全乡共清理、拓宽、加深隔水沟730条，新开220条；清理开挖田头沟和导渗沟1100条，完成土方5万余立方米，建成高标准一套沟农田1.3万亩。1986年，马桥修建种子仓库、晒场和添置种子精选机、收割机。

1988年，靖江实施菜篮子工程，建设马桥镇徐周村等菜篮子基地。1997年，民兵村建设百亩钢架大棚蔬菜生产基地。1999年起，徐周村引进青白花菜、日本大阪蚕豆等20余个外贸蔬菜品种。2002年8月，江苏省第二批无公害农产品认定结果揭晓，“马洲”牌香沙芋榜上有名。2003年9月，江苏绿涛食品有限公司在马桥镇建成的泰州市首个进入转换期的有机蔬菜基地通过国家环保总局有机食品发展中心有机蔬菜基地的检查认证。该基地投资50万元，面积20公顷，主要种植青刀豆、菜薹、荷仁豆等外贸蔬菜，年产500吨。

2003年12月，“马洲”牌牛奶、“马洲”牌香沙芋、“为康”牌鹌鹑蛋通过国家认证，成为国家无公害农产品。2007年，马桥镇无公害粮油产地、畜禽产地、果品产地先后获得江苏省无公害产品认定证书。2004年，经伦村、龙王村建成香菇种植基地。2005年，马桥开设私人奶牛饲养场。2006年，横港村绿野生态园引进生长速度快、瘦肉率高的苏钟猪80头饲养繁殖，并为猪肉注册“香羽”商标，在上海和靖江设柜专销。2013年1月，靖江市九一农机服务专业合作社获全国农机合作社示范社称号。该合作社成立于2010年，有各类农机设备170余台，不仅为九一村“双久”牌优质大米的种植提供农机保障，还辐射周边马桥镇、生祠镇等地千余亩农田。2013年，经伦、朝西、马桥、徐周、白衣等村建成65.33公顷蔬菜种植基地，祖师村建成20公顷红芽密节香沙芋种植基地，北江平线建成20公顷休闲观光农业基地。新增种植大户9户，徐周、朝西、正北3个村实现整村土地流转。“印象湖”牌香沙芋、“双久”牌大米等农产品通过农业部无公害农产品认证，“香羽”牌猪肉获江苏省名牌农产品称号。马桥镇获评江苏省农产品安全示范镇。2014年12月6日，马桥畜牧兽医站副站长侯斌获2014年全国动物防疫职业技能大赛个人总成绩第一名。2014年，马桥镇现代农业示范园成为泰州市级现代农业产业园区。在马桥镇建立夏熟小麦高产增效“万亩示范片”，马桥秋熟水稻高产增效“万亩示范片”被评定为全省水稻A级示范片。益源水果专业合作社的“出口草莓品质保障及产业化开发”入选2014年度国家星火计划引导项目。正西村仁和蔬菜合作社采用“设施+营养液”方式打造靖江首个立体水培蔬菜基地，该基地总面积约0.05公顷，种植冰菜、水晶彩、苦菊等10余种蔬菜。祖师村建立香沙芋生产机械化作业示范点。2015年，神一驰园合作社投资800余万元打造休闲渔业基地，建成生态健康养殖观光区、休闲垂钓娱乐区、休闲旅游综合服务区、民俗文化展示区、渔家特色餐饮美食区5个功能区域，集垂钓、体验、观光、美食、水族观赏于一体。全年接待游客2.5万人次，收入860万元，其中休闲渔业收入100余万元，带动周边35位村民人均增收3.6万元。是年，神一驰园合作社休闲渔业基地入选农业部第四批“全国休闲渔业示范基地”名单，成为靖江首家全国休闲渔业示范基地。2015年，横港村绿叶蔬菜专业合作社建成靖江首个芽苗菜工厂化生产系统，培植小麦苗、香椿苗、花生芽苗、松柳苗等。2016年，绿野生态园“香羽”牌猪肉通过农业部畜禽产品质量安全监督检验测试中心检测、中国绿色食品发展中心审核，被认定为绿色食品A级产品，许可使用绿色食品标志，为靖江首个猪肉类绿色食品。2018年，“禧柏乐”芦笋列入江苏省农产品品牌目录，朝西村建成“稻鸭共作生产示范基地”，徐周村、迎祥村获评江苏省“一村一品一店”示范村。2019年，马桥镇获评江苏省农村一、二、三产业融合发展先导区，马桥镇现代农业示范园区创成泰州市智慧农业示范园区。江苏熠辉农业科技有限公司在江苏股权交易中心挂牌上市。三爱村获评省级休闲农业示范村，“莓好三爱”主题农园获评省级主题创意农园。九一村获评江苏省“一村一品一店”示范村。

2021年，马桥镇粮食作物播种面积75301亩，总产量38407吨；蔬菜作物播种面积15105亩，总产量31728吨；肉类总产量1575吨，其中猪肉产量1390吨；禽蛋总产量186吨，水产品产量2956吨。农业实际利

① ② ③

④ ⑤

①1960年，侯河公社桃园大队蜜桃丰收

②1972年，马桥公社铭坤大队社员挖竖墒

③1974年，侯河公社火花大队社员拔秧

④1974年，马桥公社铭坤大队社员温床育苗

⑤1977年，侯河公社社员担麦把进打谷场

用“三资”2.8亿元，新签约农业项目5个。现代农业发展成效显著。高标准农田面积41100亩，占全部耕地面积的99.85%；有农民专业合作社187个，农业企业16个，家庭农场91个；有靖江市级以上农业龙头企业2个，实现销售收入11998万元。

链接：

靖江县侯河良种场 位于三爱村。1956年，初建苗圃场，面积50亩，培育桑、果等树苗。1958年增至170亩。1963年4月改建为靖江县侯河良种繁育场。1964—1968年，试验示范稻、麦高产良种，繁育光叶种棉。1977年，城镇知识青年“上山下乡”，为靖江知青插队落户的安置点之一，先后有76名知青在此落户。1981年更名为靖江县侯河良种场，知青全部调出后有固定职工35人。至1987年，共繁育稻、麦、棉品种38个，累计上缴国家稻麦原种、良种924吨，提供棉花良种51吨和“岱字棉15号”原种30余吨，为靖江农业发展作出贡献。农场曾先后办过酱品厂、粉练厂、塑料厂、粮食加工厂、畜牧养殖场。2004年，该场整建制撤出事业单位序列，歇业清算，职工改制分流，土地及全部资产由靖江市华兴水利建设有限公司收回管理。2016年起，农场原址部分农田被三爱村开发为草莓种植园。

工业

明清时期，马桥始有竹编、纺生丝、织土布、粮油加工、小农具等个体手工业。清光绪年间，侯河市开设皮行2家，专营制革，俗称“硝皮”。1930年，侯河市人王德怀开办县内首家毛巾织袜厂。1938年，邑人顾越中在侯河市开办联益袜厂（后迁至靖城，与新光袜厂合并，名新联袜厂，后改称国营靖江前进针织厂）。1958年，火花公社大办工业，侯河布厂、鞭炮厂等相继建成。是年，县电瓷厂（后为靖江县开关厂）开始生产低压电瓷，1963年停产。1965年起，开关厂除恢复生产低压电瓷，先后生产闸刀开关、铁壳开关、熔断器。是年马桥电器厂生产交流接触器。1965年，马桥公社有社队工业企业2家，职工114人，产值7.32万元；侯河公社有4家，职工121人，产值11.7万元；长里公社有1家，职工34人，产值1.63万元。20世纪60年代末至70年代初，马桥社队企业生产冲床、冷墩机、滚齿机、车床、平面磨床、万能铣床。1971年，开关厂生产的系列熔断器成为南京第二机床厂的机床配套件，出口越南、菲律宾、柬埔寨等国家。1977年，侯河建水泥制品厂，主要生产水泥农船、水泥楼板、桁条、门窗等。20世纪70年代末起，开关厂、侯河五金厂等先后生产输配电

锦汇电冰箱配件厂车间生产线

及控制设备产品。

1980年，3公社有工业企业76家，职工6584人，总产值2334.5万元。1981年侯河公社建耐火材料厂，生产耐火材料484吨，因产、供、销困难，不久撤销。侯河建印刷厂，有部分工厂生产电工器材。1983年，侯河鞭炮厂更名为烟花鞭炮厂，有职工719人，产值185.3万元。1985年侯河乡祖师食品纺配厂扩大生产规模，年产挂面75吨。1986年6月28日—7月1日，扬州市委、市政府在靖江召开乡镇工业会议，马桥乡党委作《服从宏观控制，管好用活资金》经验介绍。1991年，长里乡政府利用长里机床厂筹建利达汽车公司（简称利达公司），贷款征用该乡正南村10公顷土地，边基建边试制边生产边还贷。县机械工业公司所属企业参加会战。1992年，马桥、侯河两乡工业总产值双双过亿元。1993年，利达公司更名利达汽车实业公司，归县机械工业公司管理，时有员工近600人。1994—1998年，利达公司累计生产汽车1000余辆，在全省零散销售。1998年，利达公司停产，人员分流，厂房、土地转让给靖江造船厂。是年，苏中开关厂为巴基斯坦恰希玛核电站研制的GCK-G停堆断路器柜、PED-G直流配电柜，通过机械工业部和核工业部科技成果鉴定。

2001年，苏中开关厂“GCK-G安全级低压抽屉柜”获江苏省科技进步奖三等奖。是年年底“伊香”猪肉脯获“江苏省乡镇企业名牌产品”称号。2003年，江苏省天鹅乐器股份有限公司生产的“天鹅”乐器和靖江市伊香食品有限公司生产的“伊香”牌猪肉脯、猪肉干被江苏省名牌战略推荐委员会评为江苏省名牌产品。

20世纪70年代马桥农机修造厂
生产的塑料注射成型机

“天鹅”“伊香”2个商标被江苏省行政管理局评为江苏省著名商标。是年，苏中开关厂GCK-G安全级低压抽出式开关柜配套国家“863”计划重大项目高温气冷实验堆工程。2004年2月，伊香食品有限公司获国家“C”计量能力确认证书，为靖江首家通过“C”标志认证的企业。2004年，靖江天胜机械制造有限公司成为马桥镇首个销售过亿元的企业。2005年7月18日，苏中开关厂研制的GCS-GIE级低压开关，通过同济大学国家重点实验室的振动台试验。该产品替代进口产品，应用于中国原子能科学研究院核反应堆应急电源系统。2006年12月4日，靖江市伊香食品有限公司的产品获2006年度国家免检产品称号。2010年12月20日，江苏星晨高速电机有限公司汪耕院士工作站揭牌。

2011年，马桥镇25家骨干企业完成销售额收入20.69亿元，全镇实现工业总产值39.37亿元。2015年，马桥镇年开票销售超亿元企业有3家，超5000万元的有4家，全镇实现工业开票销售13.54亿元。2017年，马桥镇当年到账外资500万美元，自营出口4494万美元，固定资产投资3亿元。2020年，马桥镇实现工业开票销售31.76亿元，江苏佳德纺织有限公司牛仔布加工项目、江苏捷顺机电工程有限公司年产2000套智能化净化设备生产项目先后达产。

2021年，马桥镇有工业企业513家，从业人员10251人，完成工业企业开票销售39.95亿元，工业投资19.9亿元。有规模以上工业企业36家，从业人员3370人，完成现价工业总产值29.63亿元，高新技术产业产值14.06亿元，高技术产业投资4.97亿元，实现营业收入20.17亿元，利润总额0.72亿元。是年，马桥镇规上工业形成七大产业集群：以江苏苏中开关厂有限公司、江苏华宇电力发展有限公司、靖江市锦汇电冰箱配件厂为龙头的电力电器制造业，实现营业收入7.06亿元；以靖江市艾姆泰克环保工程有限公司、江苏元泰环保工程有限公司为龙头的环保设备制造业，实现营业收入3.45亿元；以靖江正茂锚链附件有限公司、江苏昊君华科住宅工业有限公司为龙头的海工设备制造业，实现营业收入2.42亿元；以靖江市国润警用器材制造有限公司、靖江市悦达安防设备有限公司为龙头的警用装备制造业，实现营业收入9000余万元；以江苏亿鑫金属制品有限公司为龙头的金属制品业，实现营业收入2.42亿元；以靖江市味乐食品有限公司、靖江秦香源食品有限公司为龙头的食品加工业，实现营业收入1.74亿元；以江苏天鹅乐器有限公司、靖江市济达胶粘带有限公司为龙头的文化用品制造业，实现营业收入1.24亿元。

建筑业

1987年，马桥、侯河、长里建筑公司获四级建安企业资质。1996年，长里建筑安装工程有限公司获建筑二级资质，所承建的工程先后多次获省优质工程奖、“扬子杯奖”。2010年，马桥镇完成建筑业施工产值2.1亿元。2021年，马桥镇有建筑业企业51家，从业人员593人，其中江苏捷顺机电工程有限公司、江苏广德建设工程有限公司、江苏金甫建设有限公司、江苏贝郎建设有限公司4家重点建筑企业实现营业收入4.1亿元。

商贸服务业

南宋建炎至清道光年间，侯河市、白衣堂市、马桥镇区渐成靖江中西部远近闻名的商贸集镇。中华人民共和国成立后，特别是改革开放后，作为乡政府驻地，马桥镇区、侯家市、大落地成为3乡农副产品交易及商品流通的重要集散地。位于友仁村南江平路两侧的家私城，主营建筑装饰装潢材料、家具，年成交额4亿元，是靖江成立最早、规模最大且在苏北地区具有较大影响的建材交易市场。

进入21世纪后，马桥镇把发展三产

作为培植税源、繁荣集镇的重要举措，在南江平路沿线和原集镇所在地，布局商业、餐饮业、社区信息服务业、休闲娱乐业等项目。2002年，马桥镇实现三产增加值1.89亿元。2008年起，马桥镇加快南江平路沿线商贸服务带建设步伐。位于铭坤村南江平路两侧的商业街，东至水洞港，西至六圩港，长1千米，分布商铺80余家，涉及汽车、摩托车、电动车经销，以及装饰装潢建材、水暖器材、农业生产资料、酒店、超市、餐饮、信息服务等，年营业收入1.6亿元，为马桥镇东部较为繁华的商品交易市场。2018年，马桥镇实现商贸服务业开票销售19.6亿元。是年，徐周村获评江苏省农村电商示范村。

2021年，马桥镇有住宿餐饮业企业25家，商品交易市场3个，营业面积50平方米以上的商店或超市65个，限额以上社会消费零售总额3.05亿元，形成马桥、侯河两大集镇商圈和白衣堂、城西、铭坤3个商业街；是年，马桥镇完成马桥农贸市场升级改造，创建为“泰州市食品安全示范乡镇”；成立泰州首个实体化服务站，试点开展靖江金融支持乡村振兴示范行动，创新服务机制完成授信50.75亿元、贷款5.79亿元；联合江苏广电台、江苏农商行升级电商平台，开展“直播带货”，线上下单量突破万件；与中科院浙江所、太湖智谷合作，进行联马商贸服务区规划设计；现代仓储物流区成功运作，建成果蔬分拣配送中心1个、全自动包装线3条，打造草莓深加工观光工厂、花卉温控大棚，推动物流服务业向供应链延伸。

链接：

准提庵粮库 是中华人民共和国成立后靖西的第一座国库粮库，20世纪50年代建立于幸福村村委会东侧，紧靠五圩港西岸。侯河区和靖西各乡的公粮汇缴于此。粮库西、南、北三侧被长排库房和围墙围住，东侧则以五圩港为天然边界，并有运输码头。粮库内广场有5个大型囤式粮仓，另外还有若干小囤，分列于粮库的东西两侧。一个大囤的设计储粮量为100万~150万吨。到了丰收季，五圩港上停满了上缴公粮的小木船，一片繁忙景象。周边还办起供销社、收花站、杂货铺、卫生院等。后随着农业税免征，准提庵粮库停用空置。

送公粮

20 世纪 70 年代粮库收粮场景

社会事业

文化

南宋绍兴十一年（1141），马桥先民在当年岳飞脱赠白袍之地修建白衣堂，由此开启马桥岳文化的传承。元代，藏书家陈杰在西沙江边（今横港村）住宅内营建私家藏书楼，藏书达万卷，史称“万卷书楼”。明代，著名学者朱得之，著述《庄子通义》，参与修编的《靖江县志》刊版于隆庆四年（1570）。清代中期，京城乐手刘彬，正北村刘家埭人，擅长唢呐、萧、笛、笙吹奏，告老还乡后组建民间乐队，县衙颁赐“聚乐堂”匾额悬挂于民间乐坊。1940 年冬，迎祥乡高何村（今马桥镇幸福村）成立农民业余文艺宣传队，1947 年 11 月，定名为高何农民剧团。1948 年，中共苏中区委所属苏中“韬奋书店”在侯河八圩埭侯正熙家设立“韬奋书店靖江店”，后改称“华中新华书店靖江支店”，负责侯河域内进步书刊及纸张文具的流通供应。

1952 年，侯河区成立靖江首批公办文化站。1958 年，马桥公社民办文化站成立，同年，徐周村挖掘明代朱椿墓。1971 年 10 月，侯河公社首建 8.75 毫米社队电影放映队。1974 年，马桥影剧院有座位 900 个，配有 16 毫米放映机。1978 年，侯河公社业余剧团（原高何农民剧团）始唱锡剧。1983 年，长里乡西郊影剧院有座位 1116 个，配有 16 毫米、35 毫米放映机。长里乡建立文化中心，侯河公社业余剧团取得县文化部门颁发的流动演出许可证。是年起，三乡组团参加靖江一年一度的文艺节。1984 年国庆节，马桥电影队进行幻灯片汇映。1987 年，马桥、侯河建有乡镇会堂，马桥始有电视放映剧场。1988 年，马桥乡建起文化中心，开放图书室、展览室、游艺室、录像室。1990 年 5 月，徐周村出土古墓葬文物。1991 年 6 月，在第 9 届县文艺节上，侯河乡获最佳演出奖，《新华日报》进行采访和报道。2000 年 8 月，在市第 18 届文艺节上，马桥镇获演出一等奖、组织奖、创作奖，《辰星》《五朵金花选驸马》两节目在泰州市首届文艺调演中分获演出一等奖、优秀创作奖。

2004 年起，马桥镇举办两年一届的群众文体节，集文艺演出、体育比赛、书画展览、电影巡回放映为一体。2006 年起，马桥镇开展村（居）文化室“五个一”（一个综合文化服务中心、一支基层文化人才队伍、一个图书馆分馆、一个文化活动品牌、一处文化展览展示场所）达标创建活动。2007 年 6 月，马桥中学学生卢海燕获教育部“第二届全国青少年精品艺术展示大赛”初中组声乐一等奖，并赴俄罗斯参加“中国文化年”活动，获“中俄文化艺术交流大使”称号。2008 年 12 月，马桥镇参与全市非物质文化遗产项目普查，有 33 个调查项目被市非遗保护中心确认，其中，民间文学中有 16 个项目收录于《江苏省非物质文化遗产普查 · 靖江市资料汇编》。是年，马桥镇举办第三届“康爱特杯”群众文体节，共设 10 个项目，全镇 37 支代表队 825 名选手参加比赛。2010 年，举办第四届“华宇杯”群众文体节和首届读书节。2013 年，马桥镇中心幼儿园少儿民歌表演《小鸭亲亲》，获泰州市新创文艺节目调演银奖。是年，马桥镇新增室外电影放映点 1 个。2014

2021 年马桥镇省级及以上文艺家协会会员一览表

表 1–7

协　会	会　员
中国作家协会	刘华君
中国书法家协会	朱金明、吴建国
中国曲艺家协会	陈　羊
中国民间文艺家协会	刘振宇
香港大中华诗词研究会	商建民
江苏省作家协会	陈永光
江苏省书法家协会	江晓东、刘　明、陈文杰、杜　旗、顾如平
江苏省摄影家协会	江晓东、刘文剑、徐　宏
江苏省音乐家协会	陈可可、陈　蕾
江苏省曲艺家协会	陈　蕾
江苏省民间文艺家协会	童冬梅
江苏省楹联研究会	商建民

年，建成静园、聚乐堂、白衣堂文化长廊，镇文化站获评国家三级文化站。小品《正大光明》获市第32届文艺节最佳演出奖和最佳创作奖。2015年，建成岳文化景观带，举办第六届群众文体节、残疾人文化周活动。2017年3月13日，靖江市首届岳飞文化节在白衣堂岳文化主题园开幕，揭牌成立靖江岳飞文化研究会、岳飞文化主题图书馆，举行大型人文纪录片《岳飞》开机仪式。是年，马桥镇中心小学鼓号队获泰州市、靖江市比赛一等奖。2018年，马桥镇原创节目《祝你快乐》入选中国·桐乡小戏小品展。2019年，马桥镇新增公共文化设施面积3600平方米，举办“砥砺初心奋斗新时代”中华人民共和国成立70周年暨第8届群众文体节，组织“扫黑除恶”文艺巡演8场、“戏舞乡村”演出12场。2020年8月，马桥镇政府、靖江日报社历时一年共同编著的口袋书《遇见马桥》，由江苏人民出版社出版，9月9日，在2020“苏韵乡情”乡村休闲旅游农业（泰州）专场推介暨靖江G12农乐谷开园活动上举行首发式。是年，组织文艺惠民演出90场。2021年3月26日，举办马洲旅游节暨马桥樱花草莓节。主办“樱缘莓好·爱上马桥”音乐趴。7月，举办第九届文体节，组织惠民演出90场，人均接受文化场馆服务7次。是年，马桥镇有省级及以上文艺家协会会员20人，其中国家级5人。

教育

南宋咸淳年间（1265—1274），孔元虔在祖师堂旁开设书院，以马驮沙别称“马洲”取名“马洲书院”。1929年，成立白衣镇民众教育馆，辟有科学、文艺、康乐等室，附有民众学校和施诊所，后增设农民讲习所。

1941年9月，私立苏北中学迁至侯河市张家六圩和大八圩。1943年，私立苏北中学迁至侯河区经伦庵、商家埭。是年，侯河区文武乡小学朱士达扫盲经验在全县推广。1945年，县抗日民主政府将县立乡村师范、苏北中学合并成立靖江中学，侯河区商家埭为该校二院所在地。1948年4月，县人民政府在侯河区创办工农学校，培训乡村干部和文教、财政干部，有学员150人。1953年5月，扬州专区农教组到侯河区福兴乡八圩埭民校进行调研，总结速成识字结合生产的经验。1958年，侯河中学成立，同年5月，马桥、侯河农业中学相继成立。7月，江苏省副省长管文蔚视察马桥乡农中。1959年，马桥、侯河农中获评“江苏省农业中学先进单位”。是年，集福农业中学教导主任侯善缘、侯河农业中学教师高雅清被省政府授予“农业中学先进工作者”称号。1965年，侯河人民公社新办农业高中。1983年，县建筑公司与县文教局在长里中学合办建筑职业中学，1986 年被扬州市政府命名为靖江县建筑职业学校。1987 年，马桥乡有中学 2 所、小学 10 所，侯河乡有中学 4 所、小学 15 所，长里乡有中学 1 所、建筑职业学校 1 所、小学 9 所。1989 年，马桥乡建立成人教育中心。2001 年，撤乡并镇后的马桥镇成立马桥镇中心校，辖中小学校 13 所，在校中小学生 4429 人，专任教师 445 人。2008 年，行政区划调整及教育资源整合后，马桥镇中心校辖中小学校 4 所，在校中小学生 1750 人；幼儿园 3 所，在园儿童 440 人。各校教学大楼宽敞明亮，现代化教学设施一应俱全。2021 年，马桥镇中心校辖初中 1 所、小学 2 所、幼儿园 2 所，在校学生（含幼儿）1218 人，教职员工 153 人，其中专任教师 121 人。各校除党组织隶属马桥镇党委外，其余工作由靖江市教育局统一管理。

马桥初级中学　创办于 1958 年，2008 年由侯河初级中学并入。位于振兴南路 132 号，占地面积 18472 平方米，建筑面积 6491 平方米，运动场地 6800 平方米，绿化面积 1300 平方米。有理化生实验室、仪器室、体育室、图书室、阅览室、电子阅览室、计算机教室、录播教室、融合教室、STEAM 教室、心理咨询室以及音乐、美术、劳技教室，藏有纸质图书 24350 册、电子图书 52000 册。学生配用计算机 106 台，教师配有笔记本电脑，建有网络中心、广播系统及视频监控系统，教育技术装备达到省一类标准。有 9 个教学班，在校学生 326 人，教职员工 58 人，专任教师 56 人，其中研究生学历 3 人，靖江市市级以上教学能手、教坛新秀等骨干教师 16 人。学校秉承“立德健体乐教爱学”的校训，“文明守纪团结奋进”的校风，“严谨热忱尽

2021 年马桥镇学校一览表

表 1-8

学校名称	类别	校址	班级数（个）	在校学生数（人）	教职员工（人）	
					总数	专任教师
马桥初级中学	初级中学	振兴南路 132 号	9	326	58	56
马桥镇中心小学	小学	镇政府南首	12	532	43	29
马桥镇侯河小学	小学	侯河街南首	6	42	15	14
马桥镇中心幼儿园	幼儿园	锦汇路 83 号	7	285	27	19
马桥镇侯河幼儿园	幼儿园	正茂路 301 号	3	33	10	3

马桥镇中心幼儿园

职奉献”的教风，“诚实勤学多思创新”的学风，先后获评“江苏省智慧校园”“泰州市文明单位”“泰州市平安校园”“泰州市法制教育示范校”等。

马桥镇中心小学 创办于1939年，原址白衣堂，先后更名为白衣中心小学、红旗镇中心小学。1985年，迁至马桥乡政府南首，时名马桥乡中心小学，2000年更为现名。学校占地面积9778.2平方米，建筑面积6290平方米。有图书室、计算机房、科学实验室、音乐室、美术室、劳技室、体育室、心理咨询室等现代化教学设施设备。有12个教学班，在校学生532人，教职工43人，专任教师29人均为本科学历，其中骨干教师10人，泰州市教坛新秀2人。学校坚持“让社会满意，让家长放心，让学生成才”的办学理念，践行“和谐精细创新”的校风、“奉献严谨爱生”的教风和“乐学善思笃行”的学风，先后获评“江苏省平安校园”“泰州市党建先进集体”“泰州市三进工作示范校”“泰州市学校管理标准示范校”“泰州市依法治校示范校”“泰州市智慧校园”“泰州市语言文字规范化学校”“泰州市学习型班组”等。

马桥镇中心幼儿园 创办于1982年。位于锦汇路83号，占地面积9797平方米，建筑面积6206平方米，绿化面积2939平方米。有图书室、科学发现室、多功能活动室、美工室、木工坊、塑胶跑道等现代化教学设施设备。户外设有快乐种植区、幸福养殖区、趣味沙水区、创意涂鸦区、户外娃娃家等多种游戏体验区。有7个班级，在园幼儿285人，教职工27人，其中专任教师19人。幼儿园秉承“遵循教育规律，体验成长快乐，开启幸福人生”的教育使命，坚持“幸福满园”的办园理念，坚守“给孩子播下幸福的种子”的办园宗旨。先后获评“全国足球特色幼儿园”“泰州市依法治校示范校”“泰州市课程游戏化建设基地”“泰州市幼儿教育先进幼儿园”“泰州市安全教育先进学校”等。

卫生

清同治十年（1871），侯河设有南山堂中药店。1958—1959年，马桥、侯河、长里公社卫生院相继成立。1959年初，马桥、侯河被列为血吸虫病重点防治区域。1960年，马桥、长里分别种植中药材100亩、200亩。1961年，侯河苗圃场培植黄、白菊花成功。1962年侯河百日咳疫情流行。1963年秋，侯河奋前大队发生血吸虫病集体感染。1965年1—3月，长里、马桥、侯河脑膜炎发病情况严重。3月14日，县人委组建临时医院，用以加强对脑膜炎的防治工作。1969年，长里四新大队试行合作医疗。1970年，《新华日报》登载题为《放下包袱继续革命——从总结经验着手，整顿、巩固、发展合作医疗制度》的文章，介绍长里公社四新大队推行合作医疗的经验。1976年，3乡卫生院能施行下腹部手术。1979年，在侯河火花大队进行肝吸虫感染调查，计查1682人，发现阳性7人，还在该大队河道发现肝吸虫的第一中间宿主——纹邵螺。1979—1983年，在侯河1个大队进行钩虫病定性检查，实际检查1336人，查出阳性患者444人。1983年，在马桥正北村调查钩虫病，实际检查1486人，查出阳性患者464人。1984年，在晚期血丝虫病普查中，侯河晚期血丝虫病患病率在10例/万人以上。1986年3月13日，侯河、长里被评为国家计划生育先进单位。侯河乡党委书记王梓振被评为国家计划生育先进个人。1988年，域内有乡卫生院3所，医务人员112人，床位80张。1990年，侯河卫生院有主治（主管）医师5人，其中中医师4人，西医师1人；马桥卫生院有主治（主管）医师3人。

20世纪90年代，马桥乡、侯河乡卫生院均通过省卫生厅“一级甲等医院”“省爱婴医院”评审验收。2001年8月1日，长里卫生院800平方米门诊大楼投入使用。2002年，马桥镇卫生院2000平方米新病房大楼交付使用。

2003年5月9日，长里卫生院被市政府明确为非典病人集中收治医院。2005年，侯河卫生院改制为民营事业性质的非营利医疗机构。2007年，马桥卫生院有床位40张，侯河卫生院有床位30张。2008年12月23日，马桥镇卫生院1100平方米社区卫生服务中心楼竣工。2012年，横港、马桥、白衣、栗树、铭坤5村建成省级卫生村。是年，马桥镇获“江苏省卫生镇”称号，被泰州市命名为“亿万农民健康促进行动示范镇”。2013年，马桥镇红十字会成立，开展红十字“博爱万人捐”活动，建立红十字“博爱病房”2个。2018年，九一、迎祥、经伦、祖师等村卫生室先后通过省级示范卫生室评审。2019年7月，马桥卫生院与侯河卫生院合并为马桥镇卫生院，并设立侯河分院。2021年，马桥镇有镇卫生院1所、分院1所、村卫生室12个，构成布局合理、分级诊疗、公共卫生覆盖全镇的社区卫生服务体系，建成“10分钟医疗健康服务圈”。

马桥镇卫生院 始建于1959年，2019年与侯河卫生院合并成立，为一所集医疗服务、预防保健为一体的一级甲等中心卫生院。位于镇政府北侧，建筑面积13186平方米，可开放床位70张。有职工123人，其中卫技人员96人，高级职称18人，中级职称42人，全科医生26人，本科学历24人，大专学历46人。开设内外科、妇产科、儿科、眼科、耳鼻咽喉科、口腔科、皮肤科、传染科、肿瘤科、麻醉科、医学检验科、病理科、医学影像科、中医科等科室，中西医结合哮喘气管炎专科、骨质增生专科、中医骨伤科、中医妇科等为医院特色专科。配备CT、B超、DR、胃镜、腹腔镜、全自动生化分析仪、心电图机、多功能心电监护仪、全自动血球计数仪、全自动麻醉机、病理切片机等医疗设备。能开展胆囊切除、全胃切除、贲门癌根治、肠切除、脾切除、骨折内固定、肝癌及肺癌的介入治疗、腰椎间盘突出症、新型剖宫产、子宫切除等手术和急危重病的抢救。医院先后获“江苏省示范乡镇卫生院”“江苏省乡镇卫生院示范中医

马桥卫生院国医堂

科建设单位”“泰州市十佳卫生院”“泰州市无红包医院”“泰州市‘十一五’期间中医药工作先进单位”“江苏省健康促进医院”等荣誉称号。

体育

1954年，白衣中心小学（今马桥镇中心小学）学做第一套广播体操。1979年起，马桥中小学校开展“两课”（每周2节体育课）、“两操”（广播操、眼保健操）活动。1988年，马桥乡文化中心开放桌球室。1990年，侯河乡组队参加县农民篮球赛。1991年，马桥中学征地5亩扩建校体育场，乡政府机关大院建篮球场。是年，侯河乡参加县农民杯中国象棋赛，获男子组单项第四、团体第七名。1994年，长里乡被评为“江苏省群众体育工作先进集体”。2004年起，马桥镇举办两年一届的群众文体节，其中体育比赛设球类、棋类、田径等多个竞赛项目。2005年，马桥镇通过江苏省全民健身服务体系“八个一工程”（一个健身组织网络、一个健身工程＜点＞、一批晨＜晚＞练点、一个特色体育项目、一个体质测试站、一支社会体育指导员队伍、每年一次全民健身周活动、每年一次系列科学健身讲座）建设达标验收，各行政村体育健身场地均达二类以上标准，拥有1个混凝土标准篮球场、2张以上乒乓球桌、30平方米以上棋牌室或60平方米以上室内健身房。2007年，马桥镇创建为“江苏省体育强镇”。2013年，新建农民健身广场4个。2016年，镇文体中心大楼迁址并投入使用。2019年，建成“十里樱花港”健身步道800米。2021年4月，马桥镇为第九届群众文体节先行组织趣味运动会，全镇企事业单位250余人参加，设置拔河比赛、不倒森林、呼啦圈过河、两人三足比赛、背筐接球、自行车慢骑、托乒乓球跑7个项目。

至2021年，马桥镇拥有健身场所46个、健身步道近30千米、健身路径32个，设置健身器材30套，人均拥有公共体育场地面积4.87平方米。

三爱村健身广场

居民生活

社会保障

2000 年，马桥镇劳动所成立。2002 年，马桥劳动和社会保障服务所成立，2005 年更名为马桥镇劳动和社会保障服务所，2013 年更名为马桥镇人力资源和社会保障服务所。19 个村（社区）相继建立人力资源和社会保障服务站，各设劳动专干 1 人。2014 年，马桥镇创新企业工资支付预警机制，工资

“小红帮忙”走进马桥

监管和社保扩面经验在全市推广，成为靖江唯一的省级便民快捷服务“四个不出村”（参保登记、个人缴费、待遇领取、权益查询不出村）示范镇。2020 年机构改革，撤销马桥镇人社所，成立马桥镇为民服务中心。2021 年，全镇参加城乡居民养老保险 14400 人，享受城乡居民养老保险退休待遇 9136 人，参加被征地农民保险 725 人，享受企业退休职工待遇 3876 人，参加城乡居民医疗保险 15100 人；全镇享受城乡最低生活保障 45 户 75 人，五保老人 160 人（分散供养 141 人，委托新桥镇敬老院集中供养 19 人）。马桥镇基本实现机关事业单位养老保险参保率 100%，城乡居民养老保险全覆盖，城乡居民医疗保险应保尽保，城乡低保应保尽保。先后获评“江苏省劳动争议调解先进单位”“江苏省城乡居民养老保险示范单位”等称号。

残疾人帮扶

1999 年成立马桥乡残疾人工作协调委员会，2008 年成立马桥镇残疾人联合会。2010 年，全镇有各类残疾人 1765 人。是年 5 月，镇政府在祖师村建成全市第一家残疾人托养服务中心。2012 年，镇残联在徐周村申报创办省级残疾人扶贫基地。2017 年 7 月，马桥镇“馨港湾残疾人之家”在徐周村社区服务中心投入运行。2019 年，建成侯河村（社区）村级“馨港湾残疾人之家”。2020 年 11 月，建成徐周中心村残疾人社区康复服务示范点。2021 年，马桥镇有持证残疾人 1102 人，其中视力残疾 150 人、听力残疾 60 人、言语残疾 4 人、肢体残疾 615 人、智力残疾 130 人、精神残疾 127 人、多重残疾 16 人，享受困难残疾人生活补贴 417 人、残疾人护理补贴 436 人，镇、村两级“馨港湾残疾人之家”共安置 30 名残疾人，实现辅助性就业，为其全额缴纳职工五险及办理人身意外伤害保险，免费提供午餐，按比例享受劳动补贴，实现残疾人自身价值。镇残联获“泰州市残疾人工作先进集体”等荣誉称号。

慈善救助

2007 年 11 月 14 日，马桥帮扶协会在徐周村正式成立，成为靖江首家农村帮扶协会。该协会主要资助马桥镇及周边地区的特困人员就医、贫困学子上学，帮助生活无助者解决基本生活问题。2009 年 12 月，靖江市慈善总会马桥镇分会成立，是年募集善款 40 万元。分会在慈善宣传周期间，利用线上线下多种宣传渠道，在全镇广泛深入地开展慈善宣传活动。在一年一度的“靖江慈善一日捐”“9·9 公益日”，借助“互联网+

慈善”平台，在全镇机关、学校、企业、村（社区）组织开展慈善捐款活动，为慈善项目筹募资金。在春节、开学等时段，开展“春节救助”“春风助医”“情系学子·爱心圆梦”等慈善救助活动，为广大困难群众、弱势群体、贫困学生送去党和政府的关怀和温暖。2014 年，分会建立慈善爱心超市，为受助者提供日常生活用品。分会动员社会爱心人士参与“慈善之星”年终评选活动，先后有 15 人受到市委、市政府的表彰。2019 年，成立镇慈善社工站，引导慈善社工、志愿公益组织联动互动，精准服务困难群众。2016—2021 年，累计救助孤寡老人、困难群众、困境儿童、残疾学生等各类人员 118 人次，救助金额近 30 万元。

退役军人服务

2019 年 6 月，马桥镇退役军人服务站成立，建有退役军人之家，为退役军人提供政策宣传、优待抚恤、矛盾纠纷化解、就业创业指导、技能培训、帮扶援助等服务。19 个村（社区）相继建立村级退役军人服务站，各设服务专干 1 人。2020 年，镇退役军人服务站创建成为“全国示范退役军人服务站”。至 2021 年，镇退役军人服务站建立健全“三全三随时”（全时段随时约、全技能随时送、全区域随时到）的工作机制，提高退役军人的归属感、荣誉感、自豪感和幸福感，累计服务近 2000 人次，发放各类慰问金 14 万元。是年，镇退役军人服务站被省退役军人事务厅评为全省“百家红色精品退役军人服务站”，马桥镇“121”退役军人志愿服务队被评为全省“百支优秀退役军人志愿服务队”。

养老服务

1989 年，马桥乡敬老院、侯河乡敬老院相继成立，集中供养辖区五保老人。2000 年乡镇合并后，撤销侯河乡敬老院，成立马桥镇敬老院，院址设在原侯河乡政府大院。是年 9 月，新市村妇联主任夏桂芳获得由民政部、劳动部、全国总工会、共青团中央、全国妇联、中国老龄协会联合颁发的“全国敬老好儿女金榜奖”奖牌。2009 年 4 月，在祖师村谭家组原文武学校易地重建马桥镇敬老院，总投资近 300 万元，占地面积 15 亩，建有主楼两层 20 间，辅房 18 间，可容纳 120 名老人居住。2010 年元月，敬老院投入使用，是年 12 月被省民政厅评为省文明敬老院。2010 年起，各村相继建立社区居家养老服务站（中心），配备床位、餐具、活动室，为辖区老人提供日间照料。2016 年，侯河

心诚养老（民惠护理）院

卫生院改建为医养结合型养老机构，有床位 98 张。2019 年 7 月，靖江市心诚养老服务有限公司在徐周村落户。2020 年，位于马桥村何家半埭 1 号的靖江市康晖养老中心成立，有床位 56 张；位于祖师村周家埭的靖江市妹郎爱心托老有限公司成立，有床位 13 张。至 2021 年，19 个村（社区）均建有社区居家养老服务中心，实行社会化运营，通过“12349”平台为辖区老人提供全方位服务，其中 15 家为 AAA 级，4 家为 AA 级。

心诚养老（民惠护理）院 位于徐周村 4 组，占地 50 余亩，前身为靖江市良友生态园。2019 年 7 月，注册成立靖江市心诚养老服务有限公司。2020 年 10 月，注册成立靖江市民惠护理院。该院毗邻樱花大道生态景观走廊、马桥岳文化景观带、孙家老宅文博园，院外有休闲垂钓区、观光采摘走廊、跑马场、孙家老宅五坊六灶、气功房、民宿等，入住老人可享受田园式养老服务。该院规划建设一期工程投资 1300 万元，建有养老床位 98 张（住院床位 30 张），内设护理院，临床科室有内科、康复医学科、临终关怀科、医学检验科、医学影像科、中西医药房，有专职医生 5 人、护士 12 人、专兼职护工 20 人。二期工程新建高标准套房，实行一站式服务，设有智能化养老床位 100 余张，引入国际优选照护服务模式，打造以“康养并济、舒适居住、活力养老”为内涵，集“居家生活、美食餐饮、文化娱乐、健身运动”为一体的全方位服务的现代养老中心。

居民收入

中华人民共和国成立后，马桥农民分得土地，生产积极性高涨，产量提高，收入增加，生活不断改善。改革开放后，随着农业生产家庭联产承包制的推行及乡镇工业企业的崛起，马桥农村居民通过责任田承包、经济作物种植、副业经营及进厂务工等途径，收入逐年提高。1979 年，侯河乡农民年人均收入 87.9 元，1984 年增至 406.57 元。1988 年，马桥乡农民年人均纯收入 871 元，收入来源以种植业、养殖业收入为主。进入 21 世纪后，马桥镇村工业快速发展，农业现代化逐步普及，农村劳动力向工、商、贸行业转移，农村居民收入亦随之增加。2000 年，马桥镇农民人均收入 2826 元，2003 年为 4124 元，2007 年为 6718 元，2009 年为 8701 元，2011 年为 11555 元，2014 年为 17141 元，2016 年为 20833 元。2017 年，马桥镇职工年人均工资 39500 元，农民可支配收入 22850 元。2021 年，马桥镇农村居民人均可支配收入 3 万元，其中工资性收入 1.94 万元，经营净收入 3565.7 元，财产性净收入 2846.6 元，转移净收入 4135 元。

居民消费

随着人民生活水平的逐步提高，马桥农村居民的刚性消费成倍增长，消费支出相应增加，消费结构发生显著变化，衣、食、住、用、行从量的满足转向质的追求。吃，从满足饱腹转向讲究营养；穿，从耐穿、实惠转向讲究品牌、款式；住，从土坯草房、砖瓦平房转向砖混结构、框架结构的楼房、别墅；用，从普通耐用消费品转向高档时尚消费品；行，从自行车转向摩托车、助力车、小轿车。此外，子女教育、文化娱乐、外出旅游、养生保健亦成为消费热点。2021 年，农村居民每百户家庭拥有家用汽车 53 辆、摩托车 24 辆、助力车 180 辆、洗衣机 119 台、电冰箱（柜）131 台、微波炉 103 台、彩电 193 台、空调 213 台、热水器 116 台、排油烟机 71 台、移动电话 287 部。是年，马桥农村常住居民人均生活消费支出 2.54 万元。其中，食品烟酒支出 7811 元，衣着消费支出 1572.3 元，居住消费支出 3702.6 元，生活用品及服务消费支出 1318.7 元，交通、通信消费支出 6086.5 元，教育文化娱乐消费支出 3170 元，医疗保健消费支出 1115.9 元，其他用品和服务消费支出 583.3 元。

2015—2021 年马桥镇百户家庭耐用消费品拥有量一览表

表 1-9

指标	单位	2015 年	2017 年	2019 年	2021 年
家用汽车	辆	23	43	51	53
摩托车	辆	78	61	30	24
助力车	辆	130	174	177	180
洗衣机	台	112	128	117	119
电冰箱（柜）	台	110	128	131	131
微波炉	台	100	102	106	103
彩电	台	199	228	219	193
空调	台	137	184	220	213
热水器	台	98	107	113	116
排油烟机	台	45	52	66	71
移动电话	部	270	275	297	287
计算机	台	82	69	83	76

组织机构

中共马桥镇委员会

1949 年 5 月，建立中共侯河区委员会。1956 年 8 月，分别建立中共马桥乡委员会、中共侯河乡委员会。1958 年 10 月，由马桥、侯河两乡合并，建立中共火花公社委员会。1959 年 5 月，撤销火花公社，分别建立中共马桥人民公社委员会、中共侯河人民公社委员会。1961 年 6 月，建立中共长里人民公社委员会。1968 年 5 月起，先后建立马桥、侯河、长里人民公社革命委员会党的核心小组。1970 年 5 月，分别恢复建立中共马桥人民公社委员会、中共长里人民公社委员会。1971 年 2 月，恢复建立中共侯河人民公社委员会。1983 年，靖江撤社建乡，先后建立中共侯河乡委员会、中共长里乡委员会、中共马桥乡委员会。2000 年 3 月，三乡合并后建立中共马桥镇委员会。2021 年，马桥镇党委下设党群工作局、党政办等部门和工会、共青团、妇联、科协、关工委等群众团体，有基层党委 3 个、党总支 16 个、党支部 68 个，有党员 1804 人。

马桥镇（乡）历届党委主要负责人更迭表

表 1–10

机构名称	姓　名	任职时间
马桥乡党委	顾达仁	1956 年 8 月—1957 年 7 月
	高永振（第一书记）	1957 年 8 月任
马桥人民公社党委	王侠荣（第一书记）	1959 年 5 月—1959 年 8 月
	高永振（第一书记）	1959 年 8 月—1965 年 4 月
	顾富彬	1970 年 5 月—1983 年 10 月
马桥乡党委	顾富彬	1983 年 10 月—1984 年 8 月

续表 1-10

机构名称	姓　名	任职时间
马桥乡党委	冯国平	1984 年 8 月—1986 年 10 月
	朱胜海	1986 年 11 月—1989 年 2 月
	孙桂芳（女）	1988 年 10 月—1990 年 5 月 （1988 年 10 月—1989 年 5 月代书记）
	李宗祥	1990 年 5 月—1999 年 12 月
	顾正荣	1999 年 12 月—2000 年 3 月
马桥镇党委	顾正荣	2000 年 3 月—2001 年 2 月
	顾利华	2001 年 2 月—2004 年 2 月
	叶焜宝	2004 年 2 月—2007 年 11 月
	黄泓轩	2007 年 11 月—2011 年 7 月
	姚东辉	2011 年 7 月—2014 年 12 月
	蒋国庆	2014 年 12 月—2020 年 10 月
	吴文彬	2020 年 10 月—2022 年 1 月
	刘矛（女）	2022 年 8 月— （2022 年 1 月—2022 年 8 月主持党委工作）

侯河乡历届党委主要负责人更迭表

表 1-11

机构名称	姓　名	任职时间
侯河乡党委	刘汉臣	1956 年 8 月—1957 年 2 月
	孙力行（第一书记）	1957 年 3 月任
火花公社党委	孙力行（第一书记）	1958 年 10 月—1959 年 5 月
侯河人民公社党委	孙力行	1959 年 5 月—1959 年 7 月
	闻浩清	1959 年 8 月—1962 年 9 月
	孙力行（第一书记）	1961 年 6 月任 1971 年 2 月—1972 年 5 月
	沈竹泉	1972 年 8 月—1973 年 3 月
	孙力行	1973 年 3 月任
	褚炳祥	1978 年 10 月—1982 年 6 月
	程金元	1982 年 6 月—1983 年 4 月
侯河乡党委	程金元	1983 年 4 月—1984 年 12 月
	王梓振	1984 年 12 月—1988 年 3 月
	褚士平	1988 年 3 月—1988 年 12 月

续表 1-11

机构名称	姓　名	任职时间
侯河乡党委	高纪明	1988 年 12 月—1993 年 4 月
	薛汉根	1993 年 4 月—1995 年 10 月
	陆兴培	1995 年 10 月—2000 年 3 月

长里乡历届党委主要负责人更迭表

表 1-12

机构名称	姓　名	任职时间
长里人民公社党委	王同舟	1961 年 6 月—1963 年 2 月
	冯　云	1963 年 2 月—1964 年 8 月
	葛振华	1964 年 8 月任（未到任）
	朱根勋	1964 年 10 月任
	羊玉清	1970 年 5 月—1973 年 4 月
	朱生才	1973 年 4 月—1977 年 10 月
	徐雪妹（女）	1978 年 10 月—1981 年 10 月 （1977 年 10 月—1978 年 10 月代书记）
	臧仁富	1981 年 10 月—1983 年 6 月
长里乡党委	臧仁富	1983 年 6 月—1987 年 1 月
	卢福如	1987 年 1 月—1989 年 12 月
	管恒泉	1989 年 12 月—1997 年 12 月
	沈康华	1997 年 12 月—1998 年 10 月
	张之鸿	1998 年 10 月—2000 年 3 月

马桥镇人民代表大会

1953 年 6 月，侯河区举行首届普选，选举出席侯河区人民代表大会和靖江县人民代表大会代表。“文化大革命”期间，选举中断。1981 年，恢复人民代表大会制度。1990 年，设立马桥、侯河、长里乡人民代表大会主席团。2000 年 3 月，设立马桥镇人民代表大会主席团。至 2021 年，马桥镇共召开 19 届次人民代表大会。镇人大主席团组织域内市、镇两级人大代表，开展视察调研、民主评议、执法检查、工作问政等活动，为推动马桥经济社会高质量发展建言献策。

马桥镇（乡）历届人大主要负责人更迭表

表 1-13

机构名称	姓　名	任职时间
马桥乡人民代表大会主席团	闻桂祥	1990 年 3 月—1992 年 12 月
	李宗祥	1992 年 12 月—1996 年 1 月
	闻桂祥	1996 年 1 月—1999 年 1 月
	李宗祥	1999 年 1 月—2000 年 1 月
	顾正荣	2000 年 1 月—2000 年 3 月
马桥镇人民代表大会主席团	朱金铭	2000 年 5 月—2003 年 4 月
	季爱彬	2003 年 4 月—2006 年 4 月
	秦永琪	2006 年 4 月—2012 年 3 月
	姚东辉	2012 年 3 月—2015 年 3 月
	蒋国庆	2015 年 3 月—2016 年 2 月
	王友同	2016 年 2 月—2017 年 1 月
	朱海平	2017 年 1 月—2022 年 1 月
	夏建锋	2022 年 1 月—

侯河乡历届人大主要负责人更迭表

表 1-14

机构名称	姓　名	任职时间
侯河乡人民代表大会主席团	鞠建勋	1990 年 3 月—1996 年 1 月
	吴克俭	1996 年 1 月—2000 年 3 月

长里乡历届人大主要负责人更迭表

表 1-15

机构名称	姓　名	任职时间
长里乡人民代表大会主席团	管恒泉	1990 年 3 月—1998 年 2 月
	沈康华	1998 年 2 月—1999 年 1 月
	张之鸿	1999 年 1 月—2000 年 3 月

马桥镇人民政府

1956年8月，撤区建乡，分别建立马桥乡人民政府和侯河乡人民政府。1958年10月，建立火花公社。1959年5月，建立马桥人民公社和侯河人民公社。1961年6月，建立长里人民公社。“文化大革命”期间，由“三结合”革命生产领导小组主持工作。1968年，先后建立侯河、马桥、长里人民公社革命委员会。1981年，先后建立侯河、长里、马桥人民公社管理委员会。1983年撤社建乡，先后建立侯河、长里、马桥乡人民政府。2000年3月，三乡合并建立马桥镇人民政府。2021年，马桥镇人民政府下辖政法和社会管理局、经济发展局、农业农村局、建设和生态环境局、财政局、综合行政执法局及为民服务中心。市驻镇部门有司法所、派出所、广电站、自然资源和规划五分局、税务分局、市场监督管理分局、电信支局、邮政支局、供电所、粮管所、供销社等。

马桥镇（乡）历届政府主要负责人更迭表

表1–16

机构名称	姓　名	任职时间
马桥乡政府	周孝堂（代乡长）	1956年8月—1958年1月
马桥人民公社	丁建成	1959年5月—1960年6月
	毛向荣	1961年4月任
马桥人民公社革命委员会	顾富彬	1969年7月—1981年10月
马桥人民公社管理委员会	张炳荣	1981年10月—1983年7月
马桥乡人民政府	赵国彬	1983年10月—1984年5月
	朱胜海	1984年5月—1987年3月
	李宗祥	1987年3月—1992年12月
	闻桂祥	1992年12月—1996年1月
	朱金铭	1996年1月—2000年5月
马桥镇人民政府	陈建平	2000年5月—2001年12月
	叶焜宝	2001年12月—2005年1月
	高亚伟	2004年11月—2007年11月
	卢　杰	2007年11月—2012年3月
	陈焕新	2012年3月—2017年1月
	吴文彬	2017年1月—2021年2月
	刘矛（女）	2021年2月—2022年9月
	汤毅钧	2022年9月—

侯河乡历届政府主要负责人更迭表

表 1-17

机构名称	姓　名	任职时间
侯河乡政府	蒋森堂	1956 年 8 月—1958 年 1 月
侯河人民公社	蒋森堂	1959 年 5 月—1959 年 12 月
	陈少凡	1960 年 1 月—1963 年 6 月
	王志春	1965 年 12 月任
侯河人民公社革命委员会	孙力行	1968 年 4 月—1972 年 5 月
	沈竹泉	1972 年 8 月—1973 年 3 月
	孙力行	1973 年 3 月—1978 年 10 月
	褚炳祥	1978 年 10 月任
侯河人民公社管理委员会	程金元	1981 年 3 月—1983 年 4 月
侯河乡人民政府	刘汉康	1983 年 4 月—1984 年 4 月
	褚士平	1984 年 5 月—1988 年 12 月
	陈东华	1988 年 12 月—1992 年 10 月
	吴克俭	1992 年 12 月—1996 年 1 月
	查德明	1996 年 1 月—1999 年 1 月
	王玉奇	1999 年 1 月—2000 年 3 月

长里乡历届政府主要负责人更迭表

表 1-18

机构名称	姓　名	任职时间
长里人民公社	邵玉儒	1961 年 6 月—1967 年 1 月
长里人民公社革命委员会	羊玉清	1969 年 4 月—1973 年 4 月
	朱生才	1973 年 4 月—1977 年 11 月
	徐雪妹（女）	1977 年 11 月—1978 年 10 月
长里人民公社管理委员会	臧仁富	1981 年 10 月—1983 年 1 月
长里乡人民政府	曹逸民	1983 年 7 月—1987 年 3 月
	郭松凡	1987 年 3 月—1992 年 12 月
	孙耀灿	1992 年 12 月—1995 年 10 月
	沈康华	1996 年 1 月—1998 年 2 月
	徐建涛	1998 年 2 月—1999 年 1 月
	陈建平	1999 年 1 月—2000 年 3 月

马桥镇政协工作委员会

2013年，建立政协靖江市委员会马桥镇工作委员会。政协工委组织域内市政协委员开展活动，通过学习、调研、视察等形式，为马桥经济与社会发展建言献策。

马桥镇历届政协工委主要负责人更迭表

表1-19

姓　名	任职时间
王友同	2013年10月—2016年1月
周　彬	2018年7月—2021年11月

第二篇

镇村建设

21世纪初，马桥镇历经两次修编，制订《2002—2020集镇总体规划》《2017—2035靖江市马桥镇总体规划》，在全市率先探索推进农民集中居住区建设，先后建成城西新苑、正北小区等农民集中居住区，推动建设“四好农村路”，镇区主干道基本实现黑色化，镇村形成“一心两轴多片区”框架布局。

发展规划

总体规划

2002年，马桥镇编制集镇总体规划、镇村布局规划，推进马桥“城镇现代化、乡村城市化、城乡一体化”进程。按此规划，马桥镇2020年城镇化水平超过50%，镇域人口4.73万人。其中，镇区人口2.21万人，建设用地3309亩，人均建设用地99.8平方米；农村人口2.52万人，建设用地3402亩，人均建

设用地90平方米。镇村形成“一主（马桥镇区）四十三个居住点”的总体布局。

2017年12月，马桥镇委托南京大学城市规划研究院有限公司和靖江市城乡规划设计院，编制完成《靖江市马桥镇总体规划（2017—2035）》。该规划明确马桥镇城镇性质为靖江市中心城区西北部的生态宜居新社区、靖江最美后花园。到2035年，马桥镇城镇化水平81%，镇域常住人口4.3万人，其中镇区3.48万人、农村0.82万人；镇区建设用地规模4.17平方千米；镇村形成“一心两轴多片区”的组团状空间布局结构，“一心”即新镇区综合服务中心，“两轴”指联马城镇发展轴和严家港生态景观轴，“多片区”包括综合服务区、工业片区、北部生活社区、中部生活社区、南部生活社区。

功能区规划

正北产业集聚区　位于正北村，地处靖江主城区与马桥镇区中间地带，东临京沪高速、城西大道，南濒孙家场，西接振兴路，北靠南江平路。2008年规划，时名正北工业集中区。规划占地面积465亩，招引机械制造、船舶配件、电力电气、环境工程、汽车零部件、新

材料、食品加工等企业入驻。2020年3月，马桥镇委托南通市规划设计院有限公司编制《马桥镇正北产业集聚区规划（2020—2035）》，对该区进一步规划，并更名为现名。规划占地面积1352亩，其中城市建设用地595亩，水域用地71亩，农林用地484亩，农村居民点202亩。规划区以机械加工制造为主，构建以电机电气、节能环保为主导产业，以高端装备、船舶配套为辅助产业，以汽车零部件和智能制造为机会产业的产城融合动力组合。

现代农业示范区　2009年，马桥镇编制《马桥镇现代农业科技示范园区规划》，2010年修编《马桥镇农业示范园区产业发展规划（2010—2020）》，规划在马桥镇中南部的9个行政村形成近万亩规模的现代化农业示范园区。2016年，马桥镇委托扬州大学编制《马桥镇特色果蔬产业园区发展规划》，规划在马桥镇西北部北江平路沿线的4个行政村形成万余亩规模的特色蔬菜产业园区。2018年，马桥镇委托南京农业大学编制《马桥镇现代农业发展规划

（2018—2020）》，规划范围包括迎祥、幸福、三爱、侯河、祖师、白衣、徐周、马桥、九一、朝西、横港共11个行政村，规划面积约17050亩，构成“一轴”（严家港生态观光轴）“两带”（北江平路现代农业集聚带、南江平路乡村旅游观光带）“六区”的总体空间布局，其中“六区”分别为创意休闲农业示范区1000亩、生态水产养殖示范区3000亩、特色果蔬种植区2000亩、珍贵苗木种植区2000亩、靖江香沙芋种植区3000亩、优质稻米种植区6000亩，配套建设综合服务中心50亩。

联马商贸服务区　位于联马大道两侧，规划对接联马大道横港至南江平路段产业规划，为项目招引拓展空间；调高区内商贸消费、教育医疗、行政办公等功能定位，瞄准私立学校、商务中心、公司总部、主题酒店、特色影院，加快与中科院浙江所、太湖智谷、百度创新中心、蓝城小镇、雅居乐等项目洽谈。到2021年引进高端现代商贸服务项目5个，建成人才生活配套商贸广场，推动集镇功能、消费能力有机更新。

现代仓储物流区　在马桥镇北部，依托G345、京沪高速靖江北互通、S232、S229便捷交通支撑，规划建设现代仓储物流区。在保证耕地面积不减少的前提下，主动承接集体建设用地入市，以直接就地入市、农转用后入市、零星整治入市等方式，实行农村集中经营性建设用地公开交易，兴办农产品、花卉等集散物流产业；聚焦鲜活农产品产地“最先一公里”，以优化节点为主线，构建全链条、可追溯、高效率的现代化冷链物流新模式，加快农产品、花卉等集散中心产销联动、仓配一体。到2025年，特色果蔬、水产品等综合冷链流通率50%以上，实现冷链物流发展同农业特色市场需求高度匹配，推动农产品增效、农民增收，破解村级发展南北不平衡的难题。

岳文化展示区　在白衣堂桥五圩港

西岸建文化长廊一座，通过描刻白线方式，展现“岳飞出世”“岳母刺字”“抢挑小梁王”等岳飞生平事迹，以及白衣堂老街的老店铺、老行当、老习俗等市井风情。在白衣村南江平路南侧，建神一驰园（岳文化主题园），规划占地面积150亩，园内建岳飞大型铜像、岳文化主题藏书楼及配套设施，投资约4000万元。

旅游观光区 在徐周村建孙家老宅文博园，规划占地面积130亩，复建孙家老宅，新建兜率院、五灶六坊、翠冠梨园、跑马场、儿童乐园等。在严家港东侧，沿严家港兴建樱花路，路旁两侧栽种多品种樱花，南至三九公路，北至北江平路，规划线路总长6300米，形成十里樱花港景观大道。在徐周村南江平路北侧建“静园”，规划占地面积70亩，新建“潭水”“雨歇”景观及3000平方米的健身娱乐广场，打造马桥镇的后花园。在铭坤村正茂路西侧兴建G12农乐谷，规划占地面积380亩，新建“乡村版迪士尼”（12生肖主题乐园）及微缩版果蔬联合园（12种果蔬智慧种植体验）两大核心项目，打造靖江极具现代感的乡村旅游基地。在城西新苑北区，西临徐周大道，东邻农民集中居住小区，规划新建徐周农旅产品展示交易中心，设有展馆及实物陈列，建筑面积1165平方米。

农民集中居住区 2008年，马桥镇被市政府确定为靖江首批新农村农民集中居住区建设试点单位，规划在徐周村、马桥村沿南江平路两侧兴建农民集中居住区，新建联排别墅、公寓、复式楼及配套设施。

基础设施

道路

1929年，江平公路（今S336，又称南江平路）开建。1934年，江平公路马桥段建成，为土路。1940年，江平公路铺设3米宽的碎石路面。1975年，修建水侯公路（水洞港桥—侯河），长5.92千米，路基宽7.8米，路面宽3.5米，为砂石路面。1978年，江平公路铺成黑色路面，达国家二级公路标准。1986年，修建侯农公路（侯河—县农场），长4千米，路基宽7米，路面宽3.5米，为砂石路面。1992年，侯河乡16个村有15个村通公路。1999年，新建的广（陵）靖（江）高速公路纵穿域内。是年，马桥乡改造重修三九公路。2006年，修通八圩港线（滨江公路—侯河）、西红线（滨江公路—侯河），完成陆三港路、五圩港路、大同路、水陆路、马新路等10条农村道路改造工程，总长27.9千米。2004年，马桥镇村村通上水泥路，并通过省级验收。

2008—2011年，完成三圩港路、四圩港路、下六圩港路、三爱路、正茂路、三九公路等主干道建设，总长91千米。2012年，G345靖江段（北江平路）建成，横穿马桥北部。2012—2016年，全镇共修道路48条，总长107千米，完成联马路北段、正北中心路、铭正路、六圩港路、严家港路（樱花路）、团河路、陈家埭路、三九公路东段等主干道建设。2017年，马桥镇启动“四好农村路”（建设好、管理好、养护好、运营好）创建工程，对马九线（三九公路）、横港公路、四圩港路（马曲线），六圩港路（马侯线）、侯爱路、马广线、经伦路、樱花路（严家港路）、联马路等13条道路进行提档升级改造，总里程近40千米，形成“四横四纵，一路一景”路景交融格局。2019年，S232马桥段开工建设。

2021年，马桥镇形成以G345、S336、三九公路、福祖路等为横向，以正茂路、六圩港路、联马路、樱花路、四圩港路为纵向的路网框架，与G2、S229、S232构成内外互通的道路交通体系。

联马路

G345　2012 年建成通车，东西横穿镇域北部，西起迎祥村，东至福兴村，全长 7.5 千米，双向 4 车道，沥青路面，宽 24 米，道路两侧有各宽 50 米的绿植景观带。

S336　原省道江平公路，东西横穿镇域南部。1940 年铺设 3 米宽砂石路面。1978 年，江平公路铺成黑色路面，达国家二级公路标准。1988 年，改扩建为路基宽 12 米，路面宽 8 米。马桥段西起栗树村，东至铭坤村，全长 4.4 千米，沥青路面，宽 18 米。

樱花路　位于严家港东侧，南至三九公路，北至北江平路，纵贯马桥、徐周、白衣、新市、三爱和幸福 6 个行政村，全长约 6.5 千米。南段（三九公路至南江平路）为 12 米宽沥青路面，北段（南北江平路之间）为 7 米宽沥青路面。全线道路以染井吉野樱花树作为行道树，栽种分早中晚樱等近 70 个品种的樱花树，观赏时间从三月份可持续到十月份。樱花大道融合造林绿化、环境保护、景观休闲、生态宜居等功能，成为靖江市民出行观赏打卡地。

联马路　位于横港村、马桥村境内，南接城南园区联友路，北通三九公路，全长约1.9千米，双向四车道，总路宽40米，其中主路宽20米，两侧各2米绿化隔离带，绿化带外侧各4米步行道，步行道外侧再各设置4米绿化带，沿线设置港湾式公交站台两处，沥青路面，2016年建成，有效提升全市中西部交通疏散及车辆通行能力。

桥梁

明清时期，域内集镇河道上一般架设松杂木平板桥或拱桥。1963年后，采用钢筋混凝土建造梯形大梁横板桥，可通行手扶拖拉机。1971年，水侯公路建有战备桥，为桁架拱形桥。1974—1977年，省道江平公路先后改扩建四圩港桥、刘四港桥、白衣堂桥、火花港桥、马桥、水洞港桥等，桥型大多为双曲拱桥。1996—2000年，马桥乡修建农用桥梁13座。2001—2004年，省道江平公路按一级公路标准拓宽改造，域内沿线桥梁均按汽20挂120载荷标准重建。与此同时，马桥推进农村公路建设，在实施“双清”（清洁河道、清洁村庄）工程疏浚二、三级河道时，改建或重建农村危桥，并新建一批高标准永久性桥梁。2001—2005年，马桥镇投资800万元改造农村危桥43座。2006—2010年，新（改）建农桥84座。2011—2015年，改造、新建桥梁96座。2017—2020年，“四好农村公路”创建期间，马桥镇对祁三品桥、福兴桥、集福桥、五瑞桥、祖师大桥等15座桥梁进行提档升级改造，实现路桥同宽6米及以上。至2021年，马桥镇有公路桥梁61座，其中中桥7座、小桥54座。

白衣堂桥　位于省道江平公路（今S336），横跨五圩港，因依傍白衣堂而得名。原为木桥，1977年改建为钢筋混凝土双曲拱型桥，跨径25米，桥长47.85米，宽7米。2004年按汽20挂120载荷标准重建，桥型为钢筋混凝土梁，长28米，宽22米。

马桥中桥　位于省道江平公路（今S336），横跨六圩港，原名马桥（系木桥），马桥镇因此桥而得名。1974年改建为钢筋混凝土双曲拱型桥，跨径30米，桥长55.3米，宽7米。2004年拆除重建，桥型为钢筋混凝土梁，更名为马桥中桥，桥长36米，宽22米。

战备桥　位于靖侯公路（今正茂路），横跨侯河横港。1971年始建为桁架拱形桥，跨径19米，桥长33米，宽5.3米，取毛泽东同志“备战备荒为人民”之意而得名。1998年重建为钢筋混凝土简支梁桥，长24米，宽8米。

2021年马桥镇主要道路一览表

表 2-1

名称	属性	长度（米）	宽度（米）	路面性质	改建（新建）年份
联马路	县道	1900	20	沥青	2016
侯爱路	乡道	3000	6	混凝土	2016
马横线	乡道	2400	6	沥青	2018
水洞港路	县道	6100	7.5	沥青	2019
樱花路（三九路至S336）	县道	1100	12	沥青	2019
樱花路（S336至G345）	县道	5200	7	沥青	2019
马曲线	乡道	4600	6	混凝土	2019
马九线	乡道	2800	6	混凝土	2019
马侯线	乡道	5600	6	混凝土	2019
四圩港路	乡道	3300	6	混凝土	2019
马广线	乡道	3300	6	沥青	2019

樱花大道

2021 年马桥镇主要桥梁一览表

表 2-2

桥梁名称	路线名称	桥长（米）	桥宽（米）	建设年份
刘家桥	刘家埭路	18	3.6	2000
夏家埭桥	义新路	24	4.0	2002
王家湾桥	五圩港路	18	4.0	2004
景观桥	新角埭路	18	4.0	2004
平心桥	侯福路	26	4.0	2004
邵恩桥	马白线	23	4.5	2004
夏若桥	五圩港路	18	4.0	2006
新跃桥	新角埭路	22	4.5	2006
天东桥	联柏路	20	4.5	2006
庙宇港桥	马桥西红线	30	7.5	2007
西刘家埭桥	横九路	30	3.6	2008
小河桥	五圩港路	15	4.0	2010
陈家落地桥	五圩港路	20	4.0	2010
横九桥	五圩港路	18	4.0	2010
五圩桥	五圩港路	21	3.5	2010
何家湾桥	五圩港路	16	3.6	2010
祖师桥	水祖路	26	3.6	2010
祖师二桥	水祖路	20	3.6	2010
水祖三桥	水祖路	20	3.6	2010
水祖四桥	水祖路	24	3.6	2010
小市桥	侯爱路	36	5.5	2010
侯家桥	侯爱路	20	3.5	2010
界河桥	大同路	44	3.4	2010
陆三港桥	侯福路	20	3.5	2010
五圩港闸	薛农路	6	4.0	2010
正北小桥	正北中心路	5	3.5	2010
徐周一桥	徐周路	16	11	2010
徐周二桥	徐周路	16	11	2010
徐周三桥	徐周路	16	11	2010
王东桥	新市中心路	8	4.5	2010

续表 2-2

桥梁名称	路线名称	桥长（米）	桥宽（米）	建设年份
中油桥	新市中心路	6	4.0	2010
刘西桥	刘家埭路	20	3.6	2010
马九桥	团河路	20	3.6	2010
长埭桥	马集线	36	3.6	2010
高家桥	马集线	8	3.6	2010
高家埭桥	马集线	20	4.5	2010
幸福桥	马侯线	14	3.6	2010
文盈埭桥	正北中心路	32	7.0	2012
江潮桥	江潮路	20	4.0	2015
集福桥	侯福路	14	3.5	2016
祁三品桥	侯爱路	24	4.0	2017
三爱桥	侯爱路	10	6.0	2018
吴家桥	横港公路	13	6.0	2018
西花桥	横港公路	22	6.0	2018
祖师大桥	马曲线	18	6.0	2018
集福桥（福兴）	马广线	16	6.0	2018
福兴桥	马广线	16	6.0	2018
五瑞桥	马横线	16	6.0	2018
横港桥	马横线	10	6.0	2018
团河桥	马横线	16	7.0	2018
顾家桥	马朝线	13	6.0	2018
栗树桥	郑家路	20	4.0	2019
小桥	马侯线	13	6.0	2019
正北中心桥	正北中心路	20	7.0	2019
九一桥（顾家）	马九线	20	6.0	2019
何家湾桥（左家）	马九线	16	6.0	2019
马家埭桥（火花港）	马九线	13	6.0	2019
花家桥	马朝线	13	6.0	2019
严家港桥	马徐路	20	7.0	2020
正北桥	正北中心路	20	5.1	2021
六圩港桥	马侯线	26	5.5	2021

伏波
伏波

邮政　电信

邮政　明成化七年（1471），靖江置县后在七里（今水洞港附近）、白衣堂设铺，每铺有铺兵9人，负责传递文书，传送贡物，供官员中途歇宿换马。1932年，设立侯河信柜。1943年，县委组建侯河区交通分站传递邮件和军政情报。1949年，始设白衣堂信柜。民国时期，有靖城—新桥的汽车邮路途经马桥、侯河。1950年7月，成立侯河、白衣堂邮政代办所。1958年，侯河邮政代办所改为火花公社邮电支局。1962年，马桥、侯河邮电代办所成立，白衣堂邮政代办所改为邮票代售处。1971年，侯河邮政支局成立，开办各项邮政业务。1974年，侯河邮电所成立。1978年4月6日，开设靖城至侯河、马桥《新华日报》专班邮路。1978—1984年有靖城—惠丰的三轮摩托车邮路途经马桥、侯河。1979年设立马桥邮电所。1980年，马桥增办包裹业务。1981年，侯河办理高额汇票兑付及代收货价收汇业务。1982年，马桥增办普通汇款和电报汇款。1987年，侯河邮电所被核定为三等邮电支局。1998年，邮电分营，设马桥邮政支局、侯河邮政支局，为客户提供函件、包裹邮递，报刊发行，集邮，邮政储蓄，邮政速递等业务。2021年，马桥、侯河邮政支局分别实现营业收入260万元、210万元。镇内有顺丰、中通、菜鸟、极兔等9个快递物流站。

固定电话　1940年，靖江开始架设乡（镇）电话线，线杆多为树、竹。1958年，马桥、侯河开通电话。1962年，马桥、侯河设总机。1971年，侯河架有迂回线。1991年，开始安装农村住宅电话，马桥乡有50门磁石交换机2台，电话单机80余部；侯河乡有50门和30门磁石交换机各1台，电话单机70余部。1992年12月9日，侯河开通500门程控电话交换机。1992年后，分别建成侯河、马桥、长里程控交换分局。1994年9月，马桥开通1000门程控电话交换机。1995年，扩容程控交换机为6000门，固定电话号码升为7位。1997年，域内所有自然村均通电话，长里被评为“电话小康镇”，侯河有2个村被评为“电话小康村”。2007年8月，固定电话号码升至8位，总容量10000门。2021年，马桥镇有固定电话用户6000余户，其中住宅用户5400余户。

移动通信　1996年，马桥支局机房安装DDN接点设备，实现国际、国内数据通信。2001年，马桥镇实施“政府上网”工程。2006年，实施“村村通”宽带工程。至2007年，靖江电信、移动、联通三大运营商均在马桥建有G网移动基站。2021年，靖江电信公司在马桥镇拥有天翼移动用户4500余户，宽带用户 6200 余户，网络电视用户 1900 余户，实现 5G 信号全覆盖。

供电　供水　供气

供电　1960 年，靖江接通扬泰电网。1961 年，建生祠变电所，供电范围扩大至马桥、侯河。1981 年，建侯河变电所，有主变压器 3 台，总容量 5600 千伏安。1983 年 4 月，马桥乡农电站从马桥乡中心站分建，1985 年 1 月更名为马桥乡电力管理站。1987 年，马桥有自发电机 9 台，功率 302 千瓦；侯河有 16 台，518 千瓦；长里有 4 台，180 千瓦。1994 年，侯河乡成为扬州市用电标准化、农村电气化达标乡。2002 年 10 月，马桥、侯河、长里 3 乡电力管理站合并为马桥供电所。2021 年，马桥供电所辖区内有 110 千伏变电所 1 座，主变压器 2 台；35 千伏及以上输电线路 14 条，长度 78.5 千米；10 千伏线路 6 条，长度 204.6 千米；综合配电变压器 513 台，低压线路 388.9 千米；综合变以下营业用电户 1.78 万户，专变用户 128 户。是年，全镇售电量 10924.82 万千瓦时。马桥供电所先后获“国家电网标准化示范供电所”“国家电网公司五星级供电所”等称号。

供水　至 20 世纪 80 年代，马桥农村居民多饮用河塘水及浅层地下水。1994 年，马桥乡建自来水站，铺设管道 5000 余米，开始向集镇区供水。1996 年，侯河乡向集镇区供水。2002 年，马桥水厂被市自来水公司整合。2006 年，整合侯河水厂。2009 年，实现区域一体化供水，马桥农村居民由此饮用上取自长江的自来水。2021 年，马桥镇有自来水用户 17600 余户，年售水量 172 万吨。

供气　20 世纪 70 年代前，马桥农村家庭多以秸秆为燃料。1976 年，马桥、侯河、长里始建沼气池。1996 年 1 月，中源液化气储供站在马桥乡建成，马桥域内单位和农村家庭开始使用瓶装液化气。2001 年 6 月，徐周村自筹资金 60 万元，建成泰州市第一座秸秆气化站，该村 60% 农户用上秸秆气。2011 年，马桥镇完成“一池三改”（沼气建池与改圈、改厕、改厨相结合）198 户。2014 年，S336 沿线天然气管网布设到位。2016 年，马桥开通天然气，2021 年，马桥镇有管道天然气用户 1107 户。

2016 年，城西新苑率先接通西气东输的管道天然气

水利

河道疏浚 明崇祯十一年（1638），靖江知县陈函辉开团河，河宽5丈，深1.5丈。清康熙五年（1666），知县郑重疏浚团河。清康熙十八年（1679），知县胡必蕃疏浚团河。1988年12月，马桥乡、侯河乡出动民工参与疏浚上六圩港界河至徐家埭段。1993年，侯河乡组织新市、新圩、经伦3村疏通三级河道，开挖疏浚农田一套沟1700条，总土方近20万立方米，为全市提供水利建设观摩现场。1995年，马桥乡组织徐周、马桥、白衣、栗树、朝西、横港等村疏浚三级河道，共挖土20余万立方米。1999年11月，马桥乡出动民工参与疏浚上六圩港横港至徐家埭段。2000年，马桥镇疏浚拓宽二、三级河道29条，完

成土方500余万立方米。2003年，疏浚二、三级河道19条，完成土方26万立方米。2004年，疏浚二级河道1条、三级河道23条，完成土方42万立方米。2005年，马桥镇实施“双清”工程，疏浚三级河道75条，总长47.2千米，改造涵洞72座，拆坝建桥78座，为省级“双清”工程现场会提供观摩样板。是年，马桥镇通过泰州市环境优美乡镇检查验收。2006—2007年，疏浚三级河道419条，总长258千米，改造涵洞330座，拆坝建桥630座。2011—2015年，疏浚二、三级河道318条，驳砌下六圩港西岸、团河北岸。2016—2020年，疏浚三级河道195条，总长121.8千米，打造市级样板河道1条。

闸站建设 明崇祯十二年（1639），靖江知县陈函辉在横港建寒山闸。1973年疏浚横港时被拆除。进入21世纪，马桥镇加快“小型农田水利重点县项目”建设。2009—2014年，新建排涝站7座，其中50.8厘米排涝站1座，建成灌溉站479座、水闸3座、涵洞42座，混凝土衬砌渠道121千米。至2021年，马桥镇内河建有灌溉站528座、排涝站14座、水闸7座、涵洞212座，混凝土衬砌渠道188千米。

20世纪70年代的侯河闸

集镇建设

马桥镇区

明代以后，马桥渐成集镇。随着省道江平路建成，马桥成为江平路靖江西段沿线上继生祠堂、白衣堂之后又一个较大的农村集镇。中华人民共和国成立后，特别是作为公社、乡、镇政府机关驻地后，马桥集镇得到长足发展。20 世纪 90 年代，沿江平路南北两侧相继建起邮电大楼、农商行大楼、中心小学、加油站、中洲物资大楼、中洲大酒店、农贸市场，广播放大站扩容，高压线路延伸，基础设施得以改善。进入 21 世纪，马桥集镇的城市品位进一步提升。2002 年，西振兴路拓宽改造，农贸市场扩建。2007 年，建镇政府财政楼 1100 平方米。2012 年，搬迁农贸市场，铺设污水管网，延伸中心大道，构成“十”字形镇区中心框架。2015 年，完成马桥镇卫生院病房大楼、门诊大楼升级改造，马桥镇

马桥商业街

中心幼儿园迁址新建。马桥镇区，作为马桥镇的行政、经济、教育、文化中心，公共建筑林立，基础设施齐全，道路硬化、路灯亮化、环境美化、空气净化，东有G12农乐谷，西有静园、孙家老宅文博园、神一驰园，成为靖江的城市后花园、中部地区的宜居集镇。

侯河集镇

侯河，古称侯河市，又称侯家市。南宋建炎至明成化年间，侯河市人口聚集，渐成商贸集镇，是靖江历史上最早的四大集镇之一。侯河，是靖江文化教育事业的发祥地、革命斗争的根据地，也是靖江早期的农作物良种培育地。南宋咸淳年间（1265—1274），孔子后裔孔元虔在祖师村建马洲书院。清顺治二年（1645），侯河民众抗击清兵进占西沙。1941年，新四军在三爱村创办夹阳造枪所。是年8月，靖江县抗日民主政府在侯河区普济庵创办县立乡村师范学校，即今江苏省靖江高级中学的前身。9月，私立苏北中学由泰兴安乐桥迁至侯河市张家六圩和大八圩，后又迁至经伦庵、商家埭，即今靖江市第一高级中学的前身。1945年3月，靖江抗日民主政府在经伦庵扩建靖江抗日烈士公墓。1948年，“韬奋书店靖江店”在八圩埭何正熙家设立。中华人民共和国成立初，侯河集镇主街道沿水洞港西侧呈南北“一”字形，路面由大块石铺就，居民住宅及各商铺沿街而立。20世纪70年代，靖城至侯河砂石公路建成，拆迁街道东侧沿水洞港边的住宅和店铺。80年代后，作为侯河乡乡政府驻地，侯河集镇建设步伐进一步加快，开发建成新西街，邮政支局、信用社、卫生院、电影院、广播放大站、文化站、汽车站、农贸市场、商业网点、中小学校、环卫站一应俱全，侯河市的集镇功能得以显现，成为靖江西北部较为繁华的集镇。

白衣堂集镇

白衣堂，因当年百姓在岳飞脱赠白袍之地修建祠堂而得名。清道光年间，靖江增设白衣堂市。民国年间，白衣堂市作为集镇得到较快发展。集镇上有东西南北4条街，长条石铺路，一座“明星”

靖江市历史文化地名——白衣堂

石拱桥连接东西街，四乡八邻百姓在此赶早集。1938年，白衣堂市被日军占领，祠堂被焚。1939年，士绅侯子文在祠堂废墟建6间两层木楼，成立白衣堂小学。1950年，白衣堂市更名为白衣乡，隶属侯河区。白衣堂市为白衣乡乡政府驻地，东有车站、畜医站，西有猪行、供销社，南有粮站、派出所，北有医院、小集市。后省道江平路拓宽，石拱桥改建为木桥，供汽车通行。1959年，撤销白衣乡，并入马桥公社，政府驻地东移至马桥集镇，粮管所、派出所、医院、学校随之迁至马桥，白衣堂市划归白衣大队管辖。1976年、2003年，江平路两次大规模拓宽改造，旧时的白衣堂市仅有北街尚依稀可见。进入21世纪，白衣堂村加快文旅融合发展，建成岳文化长廊、岳文化主题园（神一驰园）、十里樱花港、百姓大舞台，提升白衣堂集镇文化品位。

集中居住区

徐周农民集中居住区

2008年，马桥镇徐周村被市规划局列入100个新农村农民集中居住点平面布局规划，并按照规划开展试点工作。徐周农民集中居住点启动区位于该村二、三、四组，规划总用地面积99251平方米（148.87亩），其中建设用地52800平方米（79.2亩），规划新建136套联排别墅和40套公寓楼，并配套区间道路、停车场、路灯、配电房、公厕、垃圾箱、消防栓、绿化等公共设施。2009年8月8日，马桥镇政府在启动区举行新农村农民集中居住区建设开工典礼。2010年，一期工程建成双拼联排别墅127套。

城西新苑

2011年，马桥镇在马桥村沿南江平路南侧的北三组、北四组、南十组等流转土地800余亩，续建农民集中居住区。为便于规划和管理，马桥镇将徐周村与马桥村的农民集中居住区统一命名为城西新苑，以南江平路为界，划分为南区（马桥村）和北区（徐周村）。2012年，二期工程建成北区多拼联排别墅412套及公寓楼20套。2013年，三期工程建成南区多拼联排别墅357套、北区56套。2014年6月，城西新苑社区居民委员会成立，同时成立集居区管理服务中心，负责建成区的统一管理。至2020年，城西新苑5期建设工程共建成联排别墅1457套、公寓楼20套、复式楼4套，至2021年共入驻居民1481户。城西新苑总面积0.68平方千米，东邻G12农乐谷及正北美丽乡村，南濒手拉手汽车小镇，西邻樱花大道、神一驰园，北接徐周田园乡村，域内交通便捷、生活便利，环境优美，公共设施完善，中心大道南北通畅，雨污分流管网、天然气管道、亮化工程、监控设施实现全覆盖，文化中心、健身广场、商业街相继落成，农贸市场、幼儿园、小学周边配套，成为马桥镇现代化新农村集中居住区的典范。

正北小区

位于正北村后鞠家埭前，西临京沪高速，东临曾家港，共规划建设 106 套双拼联排住宅，户均建筑面积约 290 平方米，总占地面积约 55 亩，安置马桥镇城西大道（S229）建设、靖江华靖资产经营有限公司标准化厂房建设及长江第二过江通道连接线建设等重点工程涉及的正北村拆迁农户。一期工程 30 套（城西大道拆迁）于 2014 年建成并交付。小区内雨污分流管网、天然气管道、硬质化道路、垃圾分类收集装置、路灯、绿化等公共配套设施完善。至 2021 年入住 30 户，二期工程 75 套为在建工程。

集中居住区鸟瞰

生态环境

卫生环境

20 世纪 80 年代末，马桥、侯河、长里 3 乡配备专职保洁队伍，负责建成区公共环境卫生保洁。90 年代，各乡建环卫站，加强专职保洁队伍和保洁设施建设。进入 21 世纪，各村（社区）与保洁员签订年度地段保洁合同，明确保洁范围、保洁要求、报酬待遇、奖惩细则，对保洁员队伍进行规范化管理。2021 年，马桥镇有专职保洁员 128 人，配备电动清运车 27 辆。

垃圾处理

2005 年，徐周村实施农村垃圾集中处理新举措，采取“一村一房”（村建设一座垃圾收集房，将全村各组各户垃圾统一收集于垃圾房）、“一组一员一箱”（每个组配备一名保洁员，建立一个小型收集房）、“一户一桶一塘”（每个农户自备一个垃圾桶、一个垃圾塘），保洁员定时定点收集垃圾，并将可以作为农作物的有机肥料收集于塘内等方式方法，有效改变村容村貌和卫生条件。全村共配备保洁员 4 人，建立小型收集房 2 处，272 户家家有垃圾桶，户户有垃圾塘。2012 年，马桥镇在水洞港北侧建垃圾中转站 1 座，占地面积 7 亩，建筑面积 620 平方米，安装垃圾压缩机 2 台、高压清洗机 2 台、农用抓草机 1 台、监控设备 1 套，外雇拖拉机 5 台。2016 年，建有封闭式垃圾收集房 13 座。2021 年，在原址建成易腐垃圾站一座，有厨余垃圾处理设备 1 组，三轮六桶尾板升降车 1 台。城乡生活垃圾按照“户分类、村收集、镇运输、市处理”流程，徐周村、正北村、马桥村、铭坤村、城西新苑社区的生活垃圾由各村（社区）保洁员负责运送至垃圾中转站，其余 14

个村的生活垃圾由村保洁员运至村垃圾池，再由外雇拖拉机负责转运至垃圾中转站，压缩打包后由政府聘请第三方拖运至靖江粤丰环保电力有限公司进行安全规范处理。2021 年，马桥镇在镇区设有垃圾桶 680 只、果壳箱 58 只；在 19 个村（社区）共投放垃圾桶 11443 个、垃圾分类亭 26 个，垃圾容器化覆盖率 100%；生活垃圾日产日清，年处理生活垃圾 7300 余吨，垃圾无害化处理率 100%。

生活污水治理

2012 年，马桥镇投资 795 万元启动地下污水管网铺设工程，新建污水提升站 1 座。2014 年，铺设污水管网 1 千米，削减排污口 12 个。2017 年，完成微动力生活污水管网建设。2018、2019 年，先后封堵纺织、食品加工企业排污口各 1 个；实施村庄生活污水治理 PPP 项目 1920 户。2021 年，新建污水管道 3 千米，污水提升站 2 座，覆盖正北工业集聚区企业及沿线村庄，完成村庄生活污水治理一期工程 PPP 项目建设，累计实施 4699 户。

改厕

1991 年，马桥地区农村家庭卫生厕所仅占 20.9%，其余均为露天粪坑。1997—1999 年，马桥、侯河、长里 3 乡启动农村改厕工作，开展卫生厕所普及村创建活动，改厕户年年增加。2001 年，马桥镇推广无害化厕所，将改厕纳入村镇建设规划。2006 年，马桥镇完成“一池三改”114 户，改厕 260 户，为靖江市社会主义新农村建设提供观摩现场。至 2007 年，徐周、白衣、马桥、横港等村累计完成“一池三改”420 户，改厕 1380 户。2010 年，马桥镇完成“一池三改”329 户，改厕 1630 户。2012—2016 年，新建国家二级标准公厕 3 座。2019 年，新建、改建公厕 3 座。至 2021 年，马桥镇建有独立水冲式公厕 12 座；按照《农村三格式户厕建设标准》，农村居民家庭改厕率达到 100%。

河道管护

2008 年，马桥镇根据村庄、道路、河道、绿化“四位一体”管护要求，加强河道整治管护。2013 年，马桥镇按照《靖江市河道管理“河长制”实施方案》，推行河长制，在一级河道横港马桥段率先按照河长制管护标准，设置永久断面监测桩。2015 年，马桥镇落实《靖江市农村环境“八位一体”综合管护实施意见》，新增小农桥、涵洞、灌排设施等管护项目，成立马桥镇“八位一体”管护办公室（设在马桥镇水利站）。2017年6月，马桥镇成立河长制工作协调小组，明确河长职责，建立镇、村二级“河长”管理体系。镇内3条一级河道、14条二级河道的总河长由镇党委书记、镇长、镇人大主席担任，河长由镇党政领导班子成员提任，联络人由镇机关职能部门负责人担任，河段长由河道流经的村（社区）党组织书记担任；391条三级河道的河长由河道所在村（社区）两委班子成员担任。在二、三级河道设立河长公示牌432块，“一河一档”建立河道档案，制定河长制信息公开和通报制度、责任追究制度、工作督办制度。2018—2020年，先后清理团河、侯河横港、四圩港废弃船只5条，清除水洞侯河段违建5处、河坡披棚9处，拆除六圩港潘家埭桥头占用岸线违建房屋，规范整治砂石场4处；建立马桥“河长制”智慧信息管理平台，在严家港设置12个高清网络摄像头，对河道实施全天候、无死角巡视；对严家港“十里樱花”样板河进行提档升级，严家港、徐周村薛家埭后沟申报为泰州市“样板河”；创新民兵巡河、智慧河长、千人问河病、“河小青”青春护河行动等“河长制”品牌。2021年，打造严家港、团河、四圩港、五圩港为生态河道，对五圩港横港段和严家港三爱段进行河坡绿化改造，严家港获泰州市“五星”幸福河湖称号。

秸秆综合利用

20世纪80年代前，农作物秸秆多用作农户燃料。随着液化气在农村家庭的逐步普及，秸秆大多被农户在田地里就地焚烧，以致浓烟四起，严重污染空气。2001年6月，由农民自发集资60余万元建设的泰州市第一座秸秆气化站在徐周村竣工并投入使用。该项技术采用秸秆（以稻草为主，油菜秆、豆秆为辅）为原料，在缺氧状态下加热反应，产生一氧化碳、氢气、甲烷等可燃性气体，通过除焦油、过滤净化后送入贮气柜，利用管道输入农户作生活用气。该气使用方便，无灰无尘，安全可靠。年末，该村有60%农户使用了秸秆气。

2013年，马桥镇实施秸秆禁烧禁抛和综合利用，引进10台秸秆打捆机，提高秸秆收储率。2015年，购进秸秆粉碎还田机，提高秸秆还田率。通过宣传、奖励、督查，至2021年，马桥镇秸秆全量还田率达95%。

污染治理

20世纪90年代，马桥、侯河、长里3乡全面实行环境影响评价制度、排污收费制度、环境保护目标责任制度、排污许可证制度、污染集中控制制度、污染源限期治理制度等8项环境管理制度，域内污染得到有效控制。2004年，《马桥镇环境保护规划》通过专家评审。2017年起，马桥镇开展“263”（2：减化、减煤；6：治理水环境、生活垃圾、禽畜污染、大气、环境隐患、土壤污染；3：提升生态保护水平、环境经济政策调控水平、环境监管执法水平）专项行动，坚持目标导向，回应群众关切，抓住重点行业、重点企业，扎实开展“打好污染防治攻坚战”专项行动。

禽畜污染治理　2016年，马桥镇加大禽畜污染整治力度，查处禽畜粪污向河道直排现象。2017年，治理养殖户71户，关停2户。2018年，整治达标养猪场大户427户，关停大棚养殖户10户，拆除大棚34个，全镇生猪养殖清栏1.95万头。2019年，新建田间调节池16个，成立社会化服务组织1个。2021年，对横港村绿野生态园、马桥村龙成生猪养殖场、集福村润鸿家禽养殖场及栗树村艳君家庭农场4家养殖场，采用“公司＋农户”的饲养模式，由社会化服务组织统一收购禽畜粪污，进行无害化消纳处理，作为农家肥全量还田。

工业污染治理　2017年，马桥镇整治化工生产企业9家，关停砖瓦生产企业2家，淘汰14家企业落后燃煤锅炉设备，在全市率先完成减煤减化任务。2018年，淘汰10蒸吨/时及以下燃煤锅炉18台；4家化工企业完成升级改造，1家企业由生产型转为经营型。2019年，完成中央、省、泰州环保督察反馈整改问题12件，销号11件；实施临时大气管控16次；打造“环保卫士移动巡检”平台，重点监管化工生产、中频炉使用等企业；化工生产企业退出1家，关停取缔散乱污企业4家。2021年，整体式空气自动监测站房在白衣村建成并投入运行。

绿化造林

1978年，绿化马桥公社的四圩港、侯河公社的水洞港。1979年，马桥公社率先规划和建设农田林网，实行水田、路渠、绿化综合配套治理。1980年起，绿化树种以二球悬铃木、水杉、意大利杨树为主。1984—1987年，完成马桥乡严家港、焦山港绿化，并被扬州市政府评为优质工程。

2002年，马桥镇植树8.4万株。2003年，完成绿化面积15.01万平方米。2011年，建成中心大道北段线、南江平线、北侯线、四圩港线绿化景观带，新增绿化面积6200亩，林木覆盖率达25%，获“江苏省环境优美乡镇”称号，“国家生态镇”创建通过专家组考核验收。2013年，增设天然景观绿点2处，完成中心大道南段及团河路景观绿化带建设，S336 两侧各建 50 米绿化通道，新增绿化面积 1200 余亩。完成“四旁”（路旁、沟旁、渠旁、宅旁）隙地绿化 400 余亩，补绿 300 亩，建成成片林 820 亩，镇区绿化覆盖率 35% 以上。是年，白衣村创成省级森林生态示范村，九一村创成省级村庄绿化示范村。2015 年，横港村建成省级森林生态示范村。2017 年，徐周村创建为省“三化”（彩色化、珍贵化、效益化）示范村。2018 年，祖师村创建成为省“三化”示范村。2018 年，完成成片造林 600 亩，农田林网 4770 亩。2021 年，马桥镇绿化覆盖率 38%。

中山杉林

第三篇

特色工业

20世纪90年代，马桥工业企业“四小龙”（低压开关厂、口琴厂、铜棒厂、机械厂）声名鹊起，在靖江乡镇企业中占有一席之地。此后，马桥镇先后建成马桥工业园区和正北产业集聚区，以此为引领，加大招商引资力度，固本强基做大本地优势产业，先后入驻60余家企业，为马桥工业规模化集聚化发展提供有力支撑，马桥工业经济逐渐形成电力电器、环保设备、金属制品、食品加工、文化用品制造业等产业集群。

电力电器制造业

产业概况

20世纪60年代，马桥电器厂（后改名低压开关厂、苏中开关厂）开始生产交流接触器。1972年，县晶体管厂在长里乡落户。20世纪70年代末，低压开关厂、侯河五金厂开始生产输配电及控制设备。80年代初，侯河村办厂开始生产电工器材。低压开关厂生产DCX型组合式电源开关插箱、BSL-1(6)(10)型低压电屏。1990年，该厂产品配套正负电子对撞机工程，翌年5月获李鹏总理签发的荣誉证书。2021年，该产业规模以上企业有江苏星晨高速电机有限公司、江苏卓诚输配电设备有限公司、江苏苏中开关厂有限公司、靖江新大洲电气化器材制造有限公司、江苏华宇电力发展有限公司、江苏华力电器设备有限公司、靖江市锦汇电冰箱配件厂7家企业，产品涉及微电机、高低压配电屏、高低压开关成套设备、吊弦线夹、成套电气、电力电子元器件、家用电冰箱配件，实现主营收入7.06亿元。

企业选介

江苏苏中开关厂有限公司 位于南江平路903号，占地面积12.3亩，前身为国营靖江低压开关厂，主要从事各种核电、核化工、核军工、核安全级电气成套开关设备的研发、制造，为核电工程提供完善的技术服务和安全保障。公司拥有从美国、荷兰引进的先进加工设备，产品质量符合国家标准和用户特殊需求，质保体系先后通过国家核安全局、中核集团、中国原子能科学研究院等单位的考评，取得国家核安全局民用核安全级电器设备设计、制造许可证。

1967年，马桥低压开关厂成立。1980年，该厂开始生产按钮开关盒及

CJ10 接触器产品，年产值 30 万元。1983 年，低压开关厂与华东地区建筑标准设计协作办公室联系，和中国科学院上海分院设计室、上海原子核研究所、上海邮电管理局设计室联合设计 DCX-10 型组合式电源插座盒、DCX-20 型组合式配电盒、DCX-30 型组合式电源插座盒 3 个系列产品，新产品设计结束后由低压开关厂研制成功，是年 7 月批量生产。1987 年，实现产值 470 万元、利税 55 万元。

1989 年，为我国第一座自行设计建造的核电站——秦山核电站配套电气设备。1990 年，该厂开发 XJW1 户外控制箱。是年低压开关厂产品配套正负电子对撞机工程，并于翌年 5 月获李鹏总理签发的荣誉证书。是年，相继开发 GGD 低压开关柜、GCK 抽屉柜、JK 低压配电柜、核电直流开关柜、隔离开关柜及变压器柜等。1992 年更名苏中开关厂。1993 年，实现产值 5002.6 万元、利税 534 万元，相继获评扬州市明星企业、江苏省特级信用企业，通过机电部、能源部低压成套开关设备生产秩序和产品质量整顿验收。马桥低压开关厂对供销人员制定“三年滚动结算法”和分区包干定点采购责任制，年初将全年产值利润指标分解落实到人，年终按奖励政策，实施分档计奖。1993 年完成销售收入 4552 万元。同时重视产品质量，把好元器件进厂检测关、工序流程检验关，并重视售后服务，自制内部、外部信息反馈表，将产品质量落实到人。20 世纪 90 年代，为非洲某国总统办公室和为印度尼西亚浮法玻璃厂等配装的电器设备得到外国专家的好评。

1998 年，为巴基斯坦恰希玛核电站成功研制 GCK-G 停堆断路器柜、PED-G 直流配电柜。2000 年，GCK-GIE 级低压抽出式开关柜成功配套使用于国家 863 高科技项目清华大学核能院高温气冷实验堆工程，填补国内空白。2014 年，为高温气冷实验堆示范工程开发 MZS-1E 低压成套开关设备，先后配套使用于秦山核电站、大亚湾核电站等国家重点工程。公司产品远销全国及巴基斯坦、印度尼西亚、越南等国家，获评“江苏省高新技术产品”“江苏省科技进步奖”。公司先后获评“江苏省千家经济效益最佳企业”“江苏省重合同守信用企业”“江苏省 AAA 级资信企业”。2021 年，公司实现营业收入 7648 万元，利税 1100 万元。

江苏华宇电力发展有限公司 位于靖江市城北园区北三环路 96 号，创办于 2002 年，是一家集智能电力装配制造、电力工程施工、变电所运维和试验、电器元件销售为一体的综合型企业。有职工 96 人，其中博士 1 人，各类专业技术人员 78 人，中高级技术职称 29 人。

公司占地面积 20667 平方米，建筑面积21580平方米，固定资产1.68亿元。公司主要生产35千伏及以下高、低压开关设备、智能箱变，SVG低压无功补偿柜、动力箱、配电箱、电缆桥架、母线、电力隧道及城市管廊支架、地下电缆智能监测系统装置等电力装备及配套产品。公司先后被评为江苏省AAA重合同守信用企业、江苏省电力设施安装行业协会优秀会员、国际采标先进单位等。2021年，公司实现营业收入3.4亿元，税收1300万元。

锦汇电冰箱配件厂 位于振兴北路12号，创办于1986年，占地面积30亩，建筑面积10000平方米，有职工205人，其中工程技术人员38人。主要从事各类橡胶类、注塑类产品的研发、生产和销售。产品主要销往博世·西门子制冷有限公司、美国3M公司、北京恩布拉科集团、广州万宝集团、美的集团和江苏常发集团。公司先后建成泰州市企业技术中心、泰州市智能车间。2021年，公司实现营业收入1.2亿元，利税400多万元。

江苏星晨高速电机有限公司 位于铭坤村水洞港桥西侧，创办于2004年。占地面积20.36亩，建筑面积23000平方米。有职工138人，其中科技人员29人。拥有数控车床、磨床及加工中心等设备，主要产品为HSK系列高速电机主轴及永磁同步电机主轴，产品销往上海、杭州、广州等地。产品通过欧盟CE认证，与湖南大学、上海电机学校、浙江大学产学研合作，建有电机研究所、院士工作站，拥有专利26件。2009年获国家“高档数控机床与基础制造装备重大科技专项研究单位”称号，为中国机床工业协会主轴分会理事单位、国家电机主轴行业标准起草单位、江苏省高新技术企业、国家高新技术企业。“森晨”商标被认定为泰州市知名商标。2021年，公司实现开票销售5775万元，税收257万元。

江苏华力电器设备有限公司 位于三九路2号，创办于2003年，占地面积6700平方米，建筑面积5000平方米，有职工32人，其中科技人员5人，主要设备有铜排折弯机，主要产品为高低压成套电器、母线、桥架和工业自动化控制装置、直流电源屏等。公司先后获ISO9001:2005产品质量体系认证、ISO14001:2005环境体系认证和国家低压电器设备强制性3C安全认证，为电力、电站、冶金、工矿、医疗、城市建设等国家多项重点工程提供电器成套设备配套服务。2021年，公司实现开票销售3930万元，税收159万元。

环保设备制造业

产业概况

1984年，靖江中洲净化设备公司（今靖江市艾姆泰克环保工程有限公司）开始为化工、电力、航空航天、铁路等国家重点工程配套生产防腐衬里、衬胶、衬塑管道及设备。2004年，靖江市同济环保科技有限公司（今江苏泽宇环境工程有限公司）与上海同济大学环境工程学院合作，开发生产生化污水处理专用设备。2021年，该产业规模以上企业中有江苏霖润达环保设备制造有限公司、靖江艾姆泰克环保工程有限公司、江苏泽宇环境工程有限公司、江苏元泰环保工程有限公司、江苏紫晨环保科技有限公司5家企业从事环保设备制造，主要产品涉及环境污染防治、环境保护、环境工程，实现主营收入3.45亿元。

企业选介

艾姆泰克环保工程有限公司 位于正茂路18号，占地面积40亩，创办于1984年。有职工86人，其中工程技术人员35人，高级职称2人。主要生产检测设备100余台（套）。主要产品为烟气脱硫设备制作及防腐衬里、衬胶、衬塑管道，承接“三废”治理交钥匙工程。公司为泰州市环保产业协会会员，质量管理体系执行ISO9001:2000标准。2021年，公司实现营业收入6400万元、利税850万元。

海工装备制造业

产业概况

20 世纪 70 年代起，马桥镇机械加工制造企业开始生产标准件、农机具、台虎钳、车床、牛头刨床、冲床、摩擦压力机、船用锚链附件、叉车配件等产品。80 年代起，侯河机械厂与交通部部属企业——正茂集团有限公司（靖江正茂锚链附件有限公司前身）联营研发生产锚链附件系列产品。至 1982 年，锚链附件产品正式上马，当年该产品销售即达到 100 余万元，尤其是该厂生产的锻打锚链连接环在全国位居第一。2019 年江苏昊钧华科住宅工业有限公司入驻马桥侯河集镇，主要产品有船舶舱室系统材料及整体卫浴、集成厨房。2021 年，马桥镇规模以上企业中有靖江正茂锚链附件有限公司、江苏昊钧华科住宅工业有限公司等企业从事船舶配套制造，主要产品涉及各种品种规格系泊链附件、船舶舱室系统装潢等，实现主营收入 1.85 亿元。

企业选介

正茂锚链附件有限公司 位于正茂路 385 号，占地面积 50 亩。1963 年，靖江正茂锚链附件有限公司前身——靖江县侯河机械厂由侯河公社出资建办，企业性质为社办企业。建厂初期，企业占地面积约 20 多亩，主要从事金属铸造、机械加工制造等，产品从农机具生产逐步扩展为普通机床、冲床、钻床、龙门刨、摩擦压力机等机械加工设备。1978 年 8 月获得锚链附件生产许可证。1980 年，产值突破 100 万元，成为侯河公社龙头企业，在靖江县通用机械制造领域名列前茅。

1980 年起，与交通部部属企业——正茂集团有限公司（镇江锚链厂）联营研发生产锚链附件系列产品。至 1982 年，锚链附件产品正式上马，当年该产品销售达到 100 余万元，尤其是该厂生产的锻打锚链连接环在全国位居第一。此后，企业逐步缩减通用机械设备制造，主要从事锚链附件专业生产。企业更名为“正茂集团靖江锚链附件厂”。

2000年3月，正茂集团靖江锚链附件厂由马桥镇镇办企业改制为有限责任公司。2000年8月，正茂集团靖江锚链附件厂与正茂集团有限公司（镇江）签订联营协议，其中正茂集团有限公司出资45万元，正茂集团靖江锚链附件厂出资98万元，共同成立靖江正茂锚链附件有限公司。2001年12月取得CSQA质量管理体系证书。2003年获得产品自营出口权，锚链附件产品销往日、韩、美、英、德等国。2004年，正茂公司与美国美丹国际有限公司合资，注册资本21.8万美元，中方占54.13%。2006年双方增资扩股，注册资本98万美元，中方占71.8%。

2007年，征地25亩，新建现代化厂房，打造锚链附件生产基地。2009年9月获得“舣山”图文商标。2011年12月获得海洋石油平台系泊链附件API证书。2013年3月获得附件生产2项发明专利。2016年起，船用锚链和系泊链附件逐步获得中国（CCS）、英国（LR）、美国（ABS）、挪威（DNV）、德国（GL）、韩国（KR）、日本（NK）、法国（BV）、意大利（RINA）等世界主要船级社证书。拥有独立的产品检验检测中心。公司采用先进生产工艺，按照国际标准ISO1704、中国国家标准GB/T549及世界著名船级社规范要求和API-2F标准生产M2、M3级，Φ12.5—152mm肯特卸扣；Φ12.5—142mm连接卸扣、末端卸扣；Φ12.5—147mm转环；Φ22—122mm旋转卸扣及各种规格的C型、梨型等异型附件；R3、R3S、R4、R5级等各种品种规格系泊链附件，可按照客户要求生产各种非标准附件，年产量10万余件。公司管理取得CCSC质量体系证书和API证书，系列产品获得等世界主要船级社的认可和认证，其中系泊链附件拥有API标志使用权。

2021年，靖江正茂锚链附件有限公司占地50亩，有职工170人，其中工程技术人员52名，研发人员12名，装备有程控模锻锤等锻造设备18台套，数控加工中心20余台套，其他辅助生产设备50余台套。公司实现营业收入5100万元，利税300万元，市场份额占全国船用锻造锚链连接环的50%以上。

江苏昊钧华科住宅工业有限公司 位于侯河北街，占地面积30余亩，创办于2019年，是一家提供高品质船舶舱室系统材料及整体卫浴、集成厨房综合解决方案的国际化企业。公司汇聚船舶耐火舱室配套行业内具有较高知名度和良好口碑的技术研发团队，拥有高精度的PVC/PET贴膜生产线、全自动贴瓷砖生产线、全自动纵横剪高速开卷线、多种型号板材辊压线、激光切割机等先进设备，产品远销日本、韩国等。2021年，公司实现营业收入5748万元，利税147万元。

警用装备制造业

产业概况

2009 年，靖江市悦达安防设备有限公司开始生产智能高压电网、智能周界电子围栏、监室门等安保产品。2012 年，靖江市国润警用器材制造有限公司开始生产单警装备、防护装备、安检器材、执法记录仪等警用器材。2021 年，马桥镇共有靖江市悦达安防设备有限公司、靖江市国润警用器材制造有限公司、靖江市双盾公共安全设备有限公司、江苏吉安警用器材制造有限公司、江苏锐盾警用器材制造有限公司、江苏兵盾警用装备制造有限公司等警用装备生产企业 16 家，其中规模以上企业有靖江市悦达安防设备有限公司、靖江市国润警用器材制造有限公司 2 家；靖江市国润警用器材制造有限公司、江苏吉安警用器材制造有限公司 2 家企业入围公安警用装备协议招标采购供货项目；靖江市悦达安防设备有限公司、靖江市双盾公共安全设备有限公司 2 家企业取得公安部中安协颁发的设计、安装资质证书。2021 年，马桥镇警用装备生产企业实现主营业务收入 9000 余万元。

企业选介

国润警用器材制造有限公司 位于马桥村，占地面积 3.80 亩，始创建于 1990 年，是公安部门批准生产保安器材、警用器材等系列品种的专业企业。主要业务范围涵盖警用器械（含保安器材）、服装制造、销售；消防设备及器材销售，安防设备制造；专用设备制造（不含许可类专业设备制造）；安全、消防用金属制品制造；在公安部警用装备采购中心、内蒙古监狱管理局、三亚市公安局、深圳出入境边防检查总站等部门警用装备招投标项目中中标，产品合格交付。2021 年，实现营业收入5670万元，利税290万元。

悦达安防设备有限公司 位于经伦路西1号，占地面积21亩，始创建于2009年，是要害部位安全防范设备专业制造商，有生产车间近7000平方米，配备生产检测设备50多台套，主要从事监所周界防范系统、门禁门控系统、监控系统、制造机要部位综合防控系统工程的设计、生产、安装。公司研制的YD-Ⅲ型智能高压电网、智能周界电子围栏、AB门等系列产品、道口管控系列产品得到公安部的认可和推荐。有专利20余项，软件著作权3项，于2020年3月通过《GA/T73-2015机械防盗锁》中B级及《GA526-2010监室门》标准的锁具的检测，两款锁具拥有多个专利，取得公安部中安协颁发的设计、安装资质证书。2021年，公司实现营业收入3288万元，利税208万元。

警用装备

金属制品业

产业概况

20世纪70年代起，马桥、侯河、长里3乡的机械加工制造企业开始生产标准件、农机具、台虎钳、车床、牛头刨床、冲床、摩擦压力机、叉车配件等产品。90年代，靖江铜材厂生产多规格纯铜、黄铜板材、带材、电容器专用黄铜带、乐器专用铜带。靖江铜棒厂生产HPB59-1、H62、H68、锰黄铜铜棒，年产量2020吨。2021年，有江苏亿鑫金属制品有限公司、江苏鑫光力钢结构有限公司、江苏恒新金属科技有限公司、江苏博丝泰钢纤维有限公司、江苏宇奥电气科技有限公司5家企业从事金属制品制造，主要产品涉及金属结构、金属门窗、金属丝绳及制品、电缆支架等，实现主营收入2.42亿元。

企业选介

江苏亿鑫金属制品有限公司 位于正北村，创办于2013年，占地面积10374平方米，建筑面积6485平方米，有职工18人，其中工程技术人员2人。有金属纵剪机、开平机等设备，是一家从事铝卷分条开平加工的企业，公司通过技术创新、设备创新、服务创新、管理创新，为江浙沪粤地区化妆品盖、药盖生产提供专用铝带。2021年，公司实现开票销售1.57亿元。

江苏亿鑫金属制品有限公司

食品加工业

产业概况

1985年，侯河乡祖师食品纺配厂年产挂面75吨。2002年，伊香食品有限公司（原佳美食品厂，2000年改制更为现名）通过ISO9001:2000质量管理体系认证，“伊香”牌猪肉脯被认定为江苏省名牌产品，“伊香”商标被认定为江苏省著名商标。2021年，马桥镇规模以上企业中有靖江秦香源食品有限公司、靖江市味乐食品有限公司、靖江伊香食品有限公司3家企业从事农副食品加工，主要产品涉及肉脯、肉制品及农副产品，实现主营收入1.74亿元。电商企业靖江市悠味食品有限公司实现批发零售营业收入1.8亿元。

企业选介

伊香食品有限公司 位于江平路901号，镇政府东首，占地面积42亩，创办于1986年，是一家集特色肉制品的研发、生产、加工、销售为一体的规模化专业食品企业，是江苏省农业产业化经营重点龙头企业。公司拥有先进的切片、烘干、炒松、包装等成套设备和质量安全检测中心，生产营养、健康、

安全的肉制食品。公司生产猪肉干、牛肉干、鸡肉干、猪肉松、牛肉松、金枪鱼等六大系列，60余种产品。“伊香”产品获评江苏省名牌产品、长江三

角洲地区名优食品。2021年，公司产销各类食品1000余吨，实现营业收入2900万元。

味乐食品有限公司 位于南江平路893号，占地面积20亩。公司始创于1991年，是一家专业生产“津润”牌系列猪肉脯、鸡肉条、酱卤烤肉系列产品的食品加工企业。公司拥有先进的生产设备和全自动智能生产线，产品优品率在99.99%以上，猪肉脯产能在靖江同行中名列前茅。产品畅销全国30多个省、自治区、直辖市。2021年，公司实现营业收入1.1亿元、利税500万元。

秦香源食品有限公司 位于栗迎路77号，创办于1985年，占地面积1万多平方米，生产车间面积近1万平方米，有职工110人，其中科技人员5人，专业生产肉制食品，生产车间杀菌、消毒、通风等设施配套齐全，生产环境安全卫生。公司长期与“百草味”“周黑鸭”“煌上煌”等知名品牌上市公司合作，年合作金额过亿元。2021年，公司实现开票销售4134万元，税收167万元。

悠味食品有限公司 位于正北村，占地面积2415平方米，创办于2010年6月，是集肉干、肉脯、卤味等休闲食品研发、生产及销售为一体的现代化互联网食品电商企业。公司拥有运营中心1个、物流中心1个、自营工厂2个，“飘零大叔”电商品牌网络渠道遍布天猫、淘宝、京东、苏宁、拼多多、盒马鲜生等主流电商平台，综合覆盖线下5万多家渠道终端，实行线上线下同步销售。先后获“泰州市电子商务副会长单位”“泰州市农业产业化龙头企业”“江苏省电子商务示范企业”“江苏省青年企业家联合会理事单位”“中国互联网原创农产品品牌声誉前十五强”等称号。2021年，公司实现销售额1.8亿元。

文化用品制造业

产业概况

1982年，马桥公社建靖江县长江口琴厂，为上海国光口琴厂加工琴芯。1985年，试制成功“天鹅”牌口琴，通过省级技术鉴定，1987年更名为扬州市长江口琴总厂，生产的16孔、24孔“百利”牌、“天鹅”牌口琴具有设计新颖、吹奏轻松、音色优美、音阶准确的特点，年产口琴300万把，其中外贸120万把，远销日本、美国及中国香港、澳门。1998年更名为天鹅口琴总厂，翌年改制为天鹅乐器有限公司，系列口琴、口风琴、竖笛等主要产品中60%销往国内市场，40%外销40多个国家。2021年，马桥镇规模以上企业中有靖江市济达胶粘带有限公司、靖江恒和胶业有限公司、江苏天鹅乐器有限公司、靖江市森宝制塑厂4家企业从事文化用品制造，主要产品涉及修正带、口琴、口风琴、塑料玩具，实现营业收入1.24亿元。

企业选介

江苏天鹅乐器有限公司　位于振兴北路12号，占地面积31.6亩，系全国口琴主要生产厂之一、中国乐器协会常务理事、口琴专业委员会副会长和半音阶口琴标准起草单位，中国乐器行业50强企业。主要生产“天鹅”“黑天鹅”“追梦人”三大品牌的口琴、口风琴、竖笛等中高档系列乐器。1982年，马桥乡铜材厂副厂长朱金铭租借几间集体公房和社员民房，向铜材厂借了17000元，买回2台旧冲床和20多个上海口琴厂淘汰的口琴，招收20多个工人，创办靖江县长江口琴厂，他请回3名上海口琴厂退休工人，对职工传、帮、带，还与国光口琴厂协商，签订加工琴部件的合同，从材料供应到人员培训由国光口

1987 年 7 月，靖江县长江口琴厂改称为扬州市长江口琴总厂

江苏天鹅乐器有限公司

琴厂负责。口琴品牌选为“天鹅”，意思是让生产的产品能够飞出国门。

1987年7月，靖江县长江口琴厂改称为扬州长江口琴总厂，下设4个分厂。是年，“天鹅”“百利”口琴在全国口琴质量评比中被评为轻工业部优质产品。1989年，获评乡镇企业明星企业。是年5月，中央顾问委员会委员邓力群至该厂视察，并题词“让我天鹅飞向世界”。1992年10月，更名为国营扬州长江口琴厂。1993年，长江口琴总厂添置口琴生产专用设备105台（套），实现产值1820万元。1995年9月，费孝通为该公司题词“天鹅口琴，走向世界”。

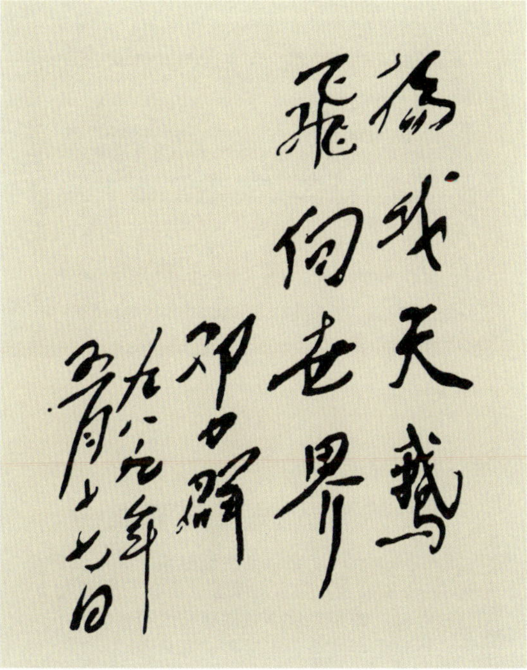

80年代，中央顾问委员会委员邓力群至该厂视察，并题词“让我天鹅飞向世界”

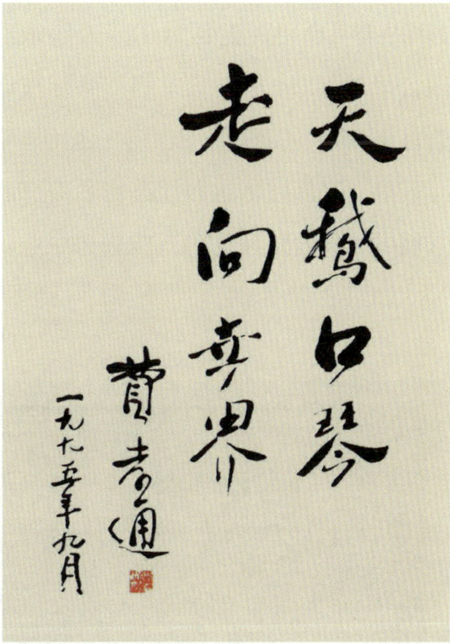

1995年9月，费孝通为该公司题词“天鹅口琴，走向世界”

1998年4月，更名为江苏天鹅口琴总厂。1999年10月，更名为江苏天鹅乐器有限公司。2004年，“天鹅”商标被认定为江苏省著名商标。2006—2007年，“天鹅”产品被认定为江苏省名牌产品，并被中国乐器协会评为行业强势企业。

2012年4月，“天鹅”商标被认定为中国驰名商标。产品远销德国、法国、美国、瑞典、韩国、日本、马来西亚、新加坡、澳大利亚等40多个国家和地区。公司先后获评“国家高新技术企业”“国家文化出品重点企业”。2021年，公司实现营业收入3638万元、利税242万元。

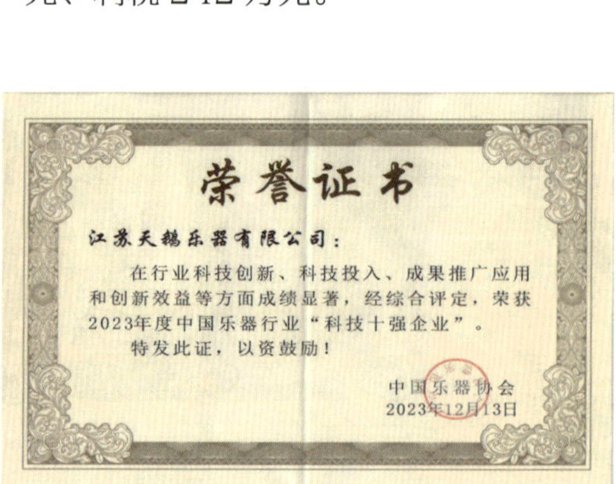

园区建设

马桥工业园区

2002 年初，马桥镇规划在靖西村筹建马桥镇工业园区，7 月获市政府批准。该园区东至陆三港西水泥路，西至广靖高速公路东控制线，南至靖西二、八组东西河，北至靖西三、七组埭前大路，规划总面积 250.5 亩，一期工程 100.5 亩，二期工程 150 亩。园区内道路、绿化、给排水、供电等基础设施同步规划设计，配套到位。至 2007 年，成功招引江苏骏马压路机械有限公司、江苏天诚化工设备制造有限公司、靖江市申申针棉织品有限公司、靖江市天福冷冻食品公司、靖江市豪莱顿食品公司等 12 家企业入驻，实现工业产值近 2 亿元。2008 年，行政区划调整后该园区划归靖城街道管理。

正北产业集聚区

2003 年，马桥镇编制完成镇工业集中区建设规划。该集中区位于正北村，时名正北工业集中区，东至六圩港，西至五圩港，南至三九公路，北至南江平公路，规划总面积 1000 余亩。2007 年，建成工业集中区，占地 365 亩，9 家企业入驻。2010 年，引进科华机械等 8 家企业入驻。2011 年，改称现名，盘活存量土地 173.8 亩，先后引进泽宇环保、弘腾机械等企业入园。2012 年，康爱特环境工程、元泰防腐、和诚制药设备等企业竣工达产，园区工业产值达 3 亿元。2017 年，入驻企业租赁标准化厂房 3 万平方米。2020 年，马桥镇成立正北产业集聚区统筹发展服务工作专班，落实营商环境“123”联系服务机制，解决企业反馈问题 83 条，代办产业项目服务 50 个。至 2021 年，园区实际占地面积 485 亩，拥有江苏康爱特环境工程集团有限公司、江苏元泰环保工程有限公司、靖江市锦汇电冰箱配件厂、江苏和诚制药设备制造有限公司、江苏一澜智能科技有限公司、江苏亿鑫金属制品有限公司等 59 家入驻企业，企业产品类别涉及机械制造、船舶配件、电力电器、环境工程、汽车零部件、新材料、食品加工等领域。

正北产业集聚区

创新发展

1997 年起，马桥、侯河、长里 3 乡贯彻“科教兴乡”理念，实施科技“四大工程”（人才工程、挂靠工程、创办工程、开发工程），在工业企业掀起科技兴企的创新热潮。1998 年，苏中开关厂为巴基斯坦恰希玛核电站研制的 GCK-G 停堆断路器柜、PED-G 直流配电柜通过机械工业部和核工业部科技成果鉴定。侯河乡的渗水两级气浮装置获第八届中国新技术、新产品博览会金牌奖。长里乡的天达集团获“江苏省高新技术企业”称号。2002 年，江苏荣联通信科技有限公司 MPX-476 数字交叉连接设备获泰州市科技进步二等奖。2003 年，科技“四大工程”增加科普工程，拓展为“五大工程”。是年，马桥镇开发新品 13 个，申请国家专利 8 个，认定省高新技术产品 2 个，其中靖江市康爱特化工制造有限公司乙基苄基氯被列为国家、江苏省星火计划项目，靖江恒和胶业有限公司生产的 PVC 环保型胶带列入省火炬计划。2005 年，马桥镇开发新产品 16 个，认定省高新技术产品 1 个，省高新技术企业 1 个，通过国家级火炬计划验收 1 个。2009 年，开发新品 21 个，申报专利 40 余项。江苏星晨高速电机有限公司的电机主轴项目和靖江正茂锚链附件有限公司的锯齿形特卸扣项目分获省、部级财政专项补助，为马桥技改历史上首获财政扶持资金。2010 年，伊香食品公司的牛车水项目获省、市财政专项补助。2011 年，开发省级以上重点新产品 4 个，申请专利 233 件，认定省高新技术产品 3 个，创建省级以上高新技术企业 1 家，省民营科技企业 8 家，建立院士工作站 1 个。2012 年，开发省级以上重点新产品 27 个，申报各类专利 349 件，其中发明专利 15 件，认定省级高新技术产品 2 个、省级民营科技企业 2 家，实现高新技术产值 11.83

亿元。

2013年，马桥镇以增强企业自主创新能力为重点，以科技成果产业化为目标，加强产学研合作，加大科技创新投入，为全镇经济结构调整和产业转型升级提供技术支撑。是年，靖江康爱特化工制造有限公司的EBC衍生季铵盐——烷基二甲基乙基苄基氯化铵研发列入国家星火计划，江苏星晨高速电机有限公司的恒转矩高速电主轴项目获泰州市科技进步三等奖。2014年，苏中开关厂自行研制的高温气冷堆核电站低压开关成套设备通过省级新型产品鉴定。2015年，马桥镇组织相关企业参加第10届泰州科技洽谈会及第5届中国江苏产学研合作成果展示洽谈会暨江苏省产业技术研究院技术转移对接会。江苏和诚制药设备制造有限公司甲醇、乙醇水溶液的精馏装置项目列入国家火炬计划，靖江正茂锚链附件有限公司、江苏和诚制药设备制造有限公司等6家企业获靖江市政府发放的科技创新券55万元。2016年，江苏和诚制药设备制造有限公司与南京航天大学合作研发的“基于内置循环式高浓度含盐废水蒸发浓缩系统关键制造技术的研发”项目列入省重点研发计划，获省科技扶持资金130万元，该项目申请国家发明专利2项、实用新型专利3项。

2017年，马桥镇与哈尔滨工业大学、江苏科技大学、江苏第二师范学院建成科技项目离岸孵化基地，新增在孵项目10个。引进靖江科创网络科技有限公司APP云检测中心项目落户，建成江苏星晨高速电机有限公司研究生工作站，靖江市锦汇电冰箱配件厂院士工作站。江苏泽宇环境工程有限公司与中科院生态环境研究中心联合成立中科泽宇水环境处理研发中心，申报各类专利510件，新增发明专利授权14件，引进创新、创业“双创型”人才2人。组织“创二代”企业家至江苏科技大学产学研合作交流，与常州大学怀德学院、靖江电大工校合作，“订单式”培养企业急需的各类人才。江苏苏中开关厂与中国广核集团有限公司达成初步合作意向。2018年，江苏和诚制药设备制造有限公司、江苏苏中开关厂被认定为国家高新技术企业，江苏天鹅乐器有限公司获批泰州市级工程技术研究中心。组织20名“创二代”企业家赴江苏科技大学参加培训学习。完成专利申请量212件。2019年，江苏天鹅乐器有限公司、江苏恒兴门业有限公司、江苏星晨高速电机有限公司、江苏泽宇环境工程有限公司被认定为国家高新技术企业；建成智能车间2个（江苏星晨高速电机有限公司德国蔡司三坐标检测仪、英国泰勒圆柱度检测仪智能检测设备及靖江市锦汇电冰箱配件厂塑料制品一次成型智能注塑机）、智能生产线1条（靖江市科华机械厂工程机械连接主轴切削加工机械手生产线）。2020年，镇财政兑现各类科技创新奖励扶持资金36万元；签订产学研合作协议3项；锦汇电冰箱配件厂获评泰州市级企业技术中心，康爱特化工有限公司获“新型冠状病毒感染防治技术研究及产品开发”项目认定；引进技术型蓝领30人、高层次人才38人，助力11家企业顺利“上云”。

2021年，镇政府出台《马桥镇规模以上工业企业统计人员科技创新工作考核办法》，组织部分工业企业开展“出青胜蓝”游学引商行活动，申报科技合作项目6个、发明专利8个，引进高层次人才2人、技术型蓝领10人、应届高校毕业生78人。至2021年，马桥镇获“国家高新技术企业”“省民营科技企业”的单位有15家，分别是：江苏峰华空调设备有限公司、江苏昊均华科住宅工业有限公司、靖江市国润警用器材制造有限公司、江苏恒新门业有限公司、江苏泽宇环境工程有限公司、江苏天鹅乐器有限公司、江苏康爱特环境工程集团有限公司、江苏星晨高速电机有限公司、江苏旺源泵阀制造有限公司、江苏世能化工设备有限公司、靖江国茂汽车配件制造有限公司、江苏丰浩化工设备制造有限公司、江苏菲尔特液压机械有限公司、江苏一澜智能科技有限公司、江苏创威电子有限公司。

2021 年马桥镇高层次人才一览表

表 3-1

姓　名	所在单位及职务	挂钩联系企业	人才类型
胡潇然	电子科技大学副研究员	靖江市悦达安防设备有限公司	泰州市“双创计划”储备人才
许怀锦	中船重工 719 研究所研究员	江苏苏中开关厂有限公司	泰州市“双创计划”储备人才
张洪吉	江南大学副教授	江苏康爱特环境工程集团有限公司	泰州市“双创计划”储备人才
袁志国	中北大学教授	江苏泽宇环境工程有限公司	泰州市“双创计划”储备人才
陈　宁	湖南大学副教授	江苏一澜智能科技有限公司	泰州市“双创计划”储备人才
赵统敏	江苏省农业科学院蔬菜研究所研究员	靖江市果蔬产业研究服务中心	江苏省第六期“333 工程”培养对象（第二层次）
吴　强	江苏中江种业股份有限公司总经理	靖江市果蔬产业研究服务中心	江苏省第六期“333 工程”培养对象（第三层次）
刘　钊	江苏星晨高速电机有限公司总经理	江苏星晨高速电机有限公司	泰州市“311 工程”培养对象
徐　翔	江苏和诚制药设备制造有限公司总经理	江苏和诚制药设备制造有限公司	泰州市“311 工程”培养对象

第四篇

现代农业

进入21世纪，马桥镇立足自然资源优势，调整农业结构，打造现代农业园区，建成马桥镇都市现代农业产业园。特色产业蓬勃发展，种植业以草莓、香沙芋、芦笋等为主，养殖业以螃蟹、罗氏虾等为主，特种种养业以非洲菊、中山杉、水培蔬菜等为主，现代农业发展在全市领先。

现代农业产业园

发展概况

2009年，镇政府编制《马桥镇现代农业科技示范园区规划》，通过靖江市园区规划集中评审。2010年，修编《马桥镇现代农业示范园区产业发展规划（2010—2020年）》，报靖江市农业委员会备案。规划面积1万亩，规划建设特色瓜果、设施蔬菜、高档苗木、优质粮食4个产业片区，覆盖徐周、白衣、马桥、正北、铭坤、九一、横港、栗树、朝西9个行政村，建蔬菜分拣中心、草莓深加工观光工厂，逐步形成第一、二、三产业高度融合，经济效益社会效益显著提升的农旅产品先导区，2014年通过泰州市级农业园区验收。

2015年，镇政府聘请扬州大学编制《靖江市马桥特色果蔬产业园区发展规划（2016—2020年）》，园区位于马桥镇西北部，涉及新江平路沿线的三爱、侯河、迎祥、幸福4个行政村。以“创新，示范，效益，生态”为指导，重点发展优质香沙芋种植、特色果蔬种植、生态休闲观光旅游等主导产业，通过实施集约化、标准化生产，推进产业化发展，促进农业结构调整，提高农业整体效益，增加农民收入。

2016年，园区先后引进占地2000多亩草莓规模化种植项目，8600亩大棚蔬菜种植项目和5000亩优质稻米种植项目，孙家老宅文博园、G12农乐谷等富有乡村特色的文旅产业逐步完善，大美徐周生态文博园旅游走廊初步建成。是年，通过泰州市级现代农业示范园区验收。

2021年，马桥镇将现代农业示范园区和马桥特色果蔬产业园区合并为马桥都市现代农业产业园。该园区占地面积1万余亩，由扬州大学编制高效生态农业发展规划。园区坚持“打造优质安全农产品生产供应区、现代生态环保绿色农业先行区、城郊休闲农业养生观光汇集区”目标定位，依托亚夫科技服务靖江工作站、省农科院果蔬产业研究院，着力构建产业链条完善、装备设施先进、运行机制灵活的现代农业体系。园区按照“一心、一轴、两带、五区”空间布局，打造综合服务中心，严家港生态休闲观光轴，北江平路现代农业集聚带、南江平路乡村旅游观光带，以及精品草莓种植示范区、靖江香沙芋种植示范区、精致果蔬种植示范区、绿色优质稻米种植示范区、创意休闲农业示范区等“五区”，推进现代农业、观光农业集聚发展。园区先后获批泰州市级产业园、泰州四星级现代农业产业示范园。

示范区简介

精品草莓种植示范区　位于三爱村、新市村，占地面积3000亩，其中，草莓种苗繁育基地10000平方米、草莓深加工观光工厂1000平方米和草莓科普馆6000平方米。在江苏省草莓首席专家赵密珍团队指导下，进行草莓脱毒种苗培育，可年产脱毒苗种60万株，覆盖园区所有草莓种植面积。2017年，与省农科院食品所专家刘春泉团队合作，建设草莓深加工观光工厂，引进草莓深加工生产线，生产草莓脆、草莓粉等延伸产品。2021年，该示范区生产草莓7500吨，总产值1.2亿元，销售额超亿元。是年，该示范区被省农科院命名为“江苏省农科院草莓产业技术创新基地”。

香沙芋种植示范区　位于祖师村，占地面积2000亩，拥有全程机械化基地1个，获得绿色食品认证和国家地理标志农产品认证，中央电视台《新闻联播》《中国粮仓》《生财有道》等栏目、《新华日报》、泰州电视台《一周风采》《泰州日报》等多家媒体报道靖江香沙芋种植相关情况。靖江香沙芋先后入选全国名特优新农产品目录、中国农产品区域公用品牌目录。2021年，生产芋头2500吨，总产值5000万元。

精致果蔬种植示范区　位于朝西、九一、横港等村，占地面积3500亩，依托原马桥特色水果生产基地、精致蔬菜基地，与江苏农科院、南京农业大学、扬州大学、江南大学等高等院校合作，推进优质、高效、轻简化番茄栽培技术示范展示项目，打造“玛乔”区域公共品牌，运用物联网系统监测果蔬生产全过程，实现果蔬从地头到餐桌全程可检测、可追溯。引进培育蔬菜品种178个、鲜果种苗12个，获有机农产品认证1个。加大设施装备投入，建设果蔬分拣中心2个、冷库1700

三爱村
欢迎您
WELCOMETO SANAIVILLAGE

马桥都市现代农业产业园
三爱村
Strawberry Day

平方米、果蔬转运中心 1 个。

绿色优质稻米种植示范区 位于迎祥、经伦、集福等村，占地面积7000亩。打造“橼之乡”“朝绿”等稻米品牌，成功申报绿色食品。建设粮食烘干中心 2 个，推广优质稻米品种，建设省级绿色防控示范区 1 个，创建水稻绿色高质高效千亩示范片 1 个，通过农机农艺结合、种植技术优化，推广优良食味水稻品种，良种覆盖率达 93%。开展区域特色优质食味稻米品种筛选、品质提升、节工省本技术模式、药肥控减技术研究，病虫害绿色防控等技术，减少农药、化肥的使用。集成优质食味稻米生产技术高效模式，促进园区优质稻米产业化发展。

创意休闲农业示范区 位于徐周、白衣、铭坤等村，占地面积 1500 亩，由严家港生态观光轴串联园区休闲观光农业景点，形成一、二、三产业融合发展格局。打造十里樱花港、大美徐周、G12 农乐谷、岳文化主题园、孙家老宅文博园等乡村旅游品牌线路。依托草莓节等系列农旅节庆活动，持续推动农文体旅融合发展。至 2021 年，创成省级主题农园 1 家、省康养基地 1 家。

马桥镇示范专业合作社一览表

表 4-1

名称	法人代表	地点	创办时间	占地面积（亩）	种养品种	层级
靖江市徐家蔬菜种植专业合作社	徐建勋	祖师村	2016 年	100	香沙芋	江苏绿色生态种植基地
靖江市祖师香沙芋专业合作社	夏小荣	祖师村	2008 年	50	香沙芋	泰州市示范合作社
靖江市金禾苗木专业合作社	褚飞明	侯河村	2012 年 6 月	67.92	苗木	泰州市示范合作社
靖江市永盛育秧专业合作社	高顺清	集福村	2015 年 5 月	70.02	水稻 小麦	泰州市示范合作社
靖江市佳宝苗木专业合作社	朱兴泉	侯河村	2012 年 12 月	135.39	苗木	靖江市示范合作社
靖江市艳君水果专业合作社	戴艳君	栗树村	2013 年 4 月	20	蔬菜	靖江市示范合作社
靖江市幸福蔬菜种植专业合作社	李云锋	幸福村	2014 年 4 月	80	蔬菜	靖江市示范合作社
靖江苏浙苗木专业合作社	张浙军	经伦村	2015 年 1 月	104	苗木	靖江市示范合作社
靖江市道中水产养殖专业合作社	刘道中	幸福村	2019 年 1 月	320	螃蟹	靖江市示范合作社

马桥镇示范家庭农场一览表

表 4-2

名称	法人	所在村组	创办时间	占地面积（亩）	种养品种	层级
靖江市山峰家庭农场	郝海锋	集福村	2016 年 1 月	480.41	水稻 小麦	泰州市示范家庭农场
靖江市一品安家庭农场	张　宏	侯河村	2016 年 9 月	210	水稻 小麦	泰州市示范家庭农场
靖江市梓轩家庭农场	孙洪坤	栗树村	2017 年 12 月	365	中山杉	靖江市示范家庭农场

种植业

20世纪90年代前，马桥农业实行传统的“稻麦棉”种植模式，品种单一，效率不高。进入21世纪后，马桥镇以农业增产、农村稳定、农民增收为目标，对种植业实施一系列以奖代补政策，鼓励各行政村加快实施农业建设，创办农业产业园示范园，高质量发展农业，实施“一村一品”工程，做优特色农产品。2011年，马桥实施“米袋子、菜篮子、果盘子、游园子”四大工程，打造中心城市后花园，全镇高效农业面积1.3万亩，粮食生产连续8年丰产丰收。至2021年，马桥镇建有靖江最大的草莓、芦笋、香沙芋、稻麦、芡实种植基地，占地约6000余亩，打造一批特色优质农副产品。

草莓种植

2016年，靖江市薛振东家庭农场流转三爱村土地500余亩，从事草莓鲜果种植，亩均年产草莓2吨。2018年，建立草莓科普馆展示草莓新特品种。

2020 年，马桥镇与省农科院深度合作，成立亚夫科技服务靖江工作站和果蔬产业研究院，开展草莓高效栽培研究，草莓由原来单一的“红颜”品种发展至“章姬”“宁玉”“粉玉”“桃熏”“白雪公主”等数十个品种。2021 年，草莓基地种植面积 3000 亩，创建草莓深加工观光工厂。该基地先后获南京市草莓协会金奖、长三角草莓联盟金奖。

香沙芋种植

祖师村香沙芋种植基地位于祖师村内，2008 年成立香沙芋种植专业合作

社，2012年注册“祖师”牌商标，通过无公害农产品和原产地认证。2015年，在祖师、迎祥、三爱、幸福等村大面积流转土地，建成占地1000余亩的香沙芋标准化连片种植基地。先后购置播种机、起垄机、镰根机、收获机，实现芋头从播种到收获的全程机械化作业。2021年，基地亩均产值2万元，亩均纯利1.2万元。

蔬菜种植

藕、慈姑种植基地 位于集福村。2019年成立，流转土地400余亩，是靖江市最大的藕、慈姑等水生作物种植基地。基地采用规模化、集约化的种植模式，通过引入现代农业技术和设备，精选种芽、精准灌溉、科学追肥、病虫害生物防治，实现慈姑的优质高产。通过多元化销售策略，与大型商超、电商平台合作，拓宽市场渠道。基地亩均产值约1.5万元，亩均纯利7000元。

徐家蔬菜种植专业合作社 位于祖师村，2016年由村民徐建勋创办，先后流转土地120亩种植香沙芋。2019年注册“祖师”商标。2020年，获泰州市花生芋头品鉴推介会芋头组第一名。2021年，该合作社获评江苏省绿色农作物示范区，所产“祖师”牌香沙芋获江苏省农产品地理标志证书，并获评江苏省绿色食品。

润丰蔬菜专业合作社 位于九一村，2013年成立，入社农民29户、34人，总投资2000万元，占地面积546亩，其中芦笋种植面积380亩、草莓种植面积140亩。是年，合作社注册“禧柏乐”农产品商标。2014年，通过江苏省无公害农产品产地认证。2015年，通过农业部无公害农产品认证。2016年，合作社获评泰州市农产品质量安全诚信企业。2017年，合作社投资1200万元，成立江苏弈辉农业科技有限公司，引进芦笋深

祖师村香沙芋种植基地

加工生产线，开发芦笋小笼包、芦笋水饺、芦笋米花团等系列产品，于 2018 年投产运营。为拓展市场，合作社在上海开办芦笋食品旗舰店和城隍庙直销店。2021 年，合作社实现销售 1150 万元。

雄师农业科技有限公司 位于徐周村内，公司前身为靖江市徐联芦笋专业合作社。2009 年，创始人韩庆雯流转徐周村土地 500 亩，投资 1350 万元，搭建钢架大棚 135 个。2011 年，韩庆雯与扬州大学及南京有关研究机构合作，对芦笋进行全方位开发利用，延伸芦笋产业链，被靖江市农委授予“农业科普示范基地”。2013 年，随着第一款深加工产品芦笋茶问世，芦笋粉皮、芦笋面条、芦笋馄饨等系列产品相继投放市场，并建立“芦笋大家庭”微商平台，线上线下同步销售。2015 年，“青宁”牌芦笋获江苏省有机农产品认证。同年 10 月，打造芦笋旅游项目，拓展芦笋产业链。2017 年，创办靖江市雄狮农业科技有限公司，下辖靖江市徐联芦笋专业合作社和靖江市碧波蔬菜专业合作社。至 2019 年，开发芦笋润唇膏、芦笋洗发水、芦笋沐浴露等系列产品近百种，涵盖食品、药品、化妆品、保健品等领域。芦笋民宿、芦笋观光工厂、芦笋展览馆、芦笋养生堂、芦笋物流中心等配套设施也相继建成运营，为游客提供一站式体验服务。公司先后吸纳近 200 人就业，带动周边村民投身三产休闲产业。韩庆雯获泰州市劳动模范称号。

诚祥家庭农场 位于九一村，2015 年创立，占地面积 200 亩，总投资 200 万元，从种植芡实、水稻开始，逐步发展到香沙芋、桑葚、拐枣种植。种植芡实 50 亩，香沙芋 20 亩，桑葚、拐枣树 10 亩，水稻 120 亩，有芡实加工区 300 平方米，并从苏州引进一整套芡实剥壳设备、建造 20 平方米冷库，农场坚持科学无公害种植，打造绿色健康农产品，通过微商和实体店扩展销售渠道。2021 年，实现销售额120万元，利润35万元。

稻麦种植加工

卢进家庭农场 位于迎祥村北江平路边，占地面积5500多平方米，具有万吨级仓储能力，拥有20吨级稻麦烘干设备6组、日加工能力120吨级的精品米加工自动化生产线1组，为马桥镇粮食烘干、仓储、加工、销售中心，为粮食种植户提供产中、产后服务。2021年，增加投资1000余万元，新建300吨级烘干塔，打造集稻麦烘干、仓储，精品米加工、销售于一体的为农综合服务中心。

山峰家庭农场 位于集福村长埭桥，占地面积1200亩，始建于2016年。农场有烘干房1栋，烘干机7组，大型植保机2台，大型拖拉机3台，总资产200万元，为水稻、小麦的种植、收割和烘干提供服务，吸纳周边农民工就业200余人次，实现粮食增产、农民增收。2021年，实现利润30余万元。

永盛育秧专业合作社 位于集福村，成立于2015年。合作社有员工5人，固定资产98万元，为集福村周边3000余农户提供育秧、插秧一条龙服务，建有秧池面积40亩，机插秧面积1800亩，年产值80万元。2016年，所产“集福聚源”牌大米被认定为无公害农产品。2020年，合作社获评“靖江市农民合作社示范社”。

雨后芦笋

养殖业

马桥镇域内河塘密布，水体清澈，为螃蟹、罗氏虾养殖提供良好生态环境，水塘养殖面积约1700余亩。

螃蟹养殖

基地位于迎祥村，2010年成立，为占地1200余亩的螃蟹养殖标准化连片基地。基地内配备先进的养殖设施，并采用现代化的养殖技术，实现从孵化到成蟹的全过程监控和管理，提高养殖效率和螃蟹的生长质量。基地的螃蟹产品在市场上享有良好的口碑和竞争力。2021年，亩均产值15000元，亩均纯利润约5000元。

罗氏沼虾养殖

基地位于祖师村，有虾塘面积500余亩。基地优化水质管理，科学投喂，引入智能监测系统，精准管理。基地为周边村民提供就业岗位，促进村民就业。

特种种养业

马桥镇特种种养业主要以非洲菊、中山杉、水培蔬菜等为主。

中山杉育苗

幸福村中山杉育苗基地位于幸福村，为靖江市绿化工程有限公司与江苏省农科院植物研究所合作开发项目。2016年，在幸福村流转土地500余亩，建成靖江市最大的中山杉育苗基地，年产中山杉幼苗1000万株，2007年被农业部授予“全国十佳苗圃”荣誉称号，2012年被农业部评为“国家重点林木良种基地”。2021年，开展村企联建，带动幸福、三爱、迎祥村等周边人口就业，促进村级经济发展。

非洲菊种植

江西人胡发顺在集福村流转60亩土地种植非洲菊，吸引了不少外地花农到集福村从事花卉种植。集福村七彩非洲菊种植面积达到200亩，推动实现村集体经营性收入与村民收入“双提升”。

水培蔬菜种植

2021年10月，云南人罗洪巧在马桥镇朝西村流转土地13亩，开启水培蔬菜种植试验。水培蔬菜从营养液中吸收生长的营养，一般30天左右在水里就长出根，一年可以种8到10茬，比土培蔬菜缩短至少一半时间。

第五篇

乡村旅游

马桥镇旅游资源丰富。岳飞文化节、樱花草莓节等农旅节庆活动颇具影响力；G12农乐谷、徐周采摘走廊、孙家老宅文博园、静园以及农家乐等各具特色；徐周旅游文化公司、农旅产品展示交易中心和众多餐饮民宿等服务周到，乡村旅游翻开新篇章，成为新亮点。

岳飞文化节

2017年3月，靖江市首届岳飞文化节在马桥镇岳文化主题园开幕，靖江市岳飞文化研究会和岳飞文化主题图书馆同时揭牌。与会的岳飞后裔中，有司法部原党组成员、中纪委驻司法部原纪检组长、中国法制文学研究会会长岳宣义，吉林省军区原司令员、岳飞后裔联谊会副会长岳惠来，天津警备区原参谋长、岳飞后裔联谊会副会长兼秘书长岳文成等数十人。开幕式上，河南汤阴县岳飞纪念馆向马桥镇赠送白色战袍，大型人文纪录片《岳飞》开机仪式同时举行。评书表演艺术家刘兰芳通过视频和信件向

靖江市首届岳飞文化节

靖江市岳飞文化研究会揭牌仪式

评书表演艺术家刘兰芳寄语

中国书法家协会副会长
孙晓云题词

岳文化书画展

文化节表示祝贺。时任中国书法家协会副会长、江苏省书法家协会会长孙晓云为岳飞文化节书写“精忠报国，武穆雄风”致贺条幅。

岳文化主题园

岳文化主题园（原名神一驰园），位于白衣堂以东江平路南侧，占地面积150亩。据传南宋建炎年间，岳飞率军退守阴沙，见此地南濒长江，河港纵横，土地肥沃，风调雨顺，便劝说跟随他南下的江淮流民在此落脚生息，于是带领士兵与百姓一起挖河整地，筑路造桥，种粮养畜，植树栽桑，让这里变成一片安居的乐土。建炎四年（1130），岳飞从此地南撤，临别时脱下致哀山河破碎的白色战袍，赠予闻讯赶来依依不舍的民众以作留念。岳飞遇害后，民众建祠堂、供白衣，感念岳飞让大家安居乐业之恩德。

主题园最高处是一座岳飞的戎装像，像高 5.99 米，铜像两侧是徐庆、汤怀、张宪、牛皋等岳飞手下大将的石像，广场上还有飞龙宝鼎、龙柱、大龙壁、盛世宝鼎，四周刻有岳飞的生平事迹及《满江红》等 20 余首岳飞代表性诗词。小湖南坡建有牡丹亭，环湖散落数幢原木别墅供游人休闲居住。

精忠报国

岳飞铜像 总高5.99米，材质为黄铜，分8次浇铸，整体拼装，总重量9.5吨，造价为680万元，由河北省雕塑协会副会长、雕塑大师韩峰设计。

岳飞铜像安放基座分为一、二两层，混凝土基础，花岗岩平台，四周为汉白玉围栏，一层平台长23米，宽22米（506平方米），为瞻仰祭祀平台，二层圆形平台直径21米（346平方米），安放岳飞铜像。

岳飞文化主题图书馆 位于岳文化主题园的湖心，是一处仿古式亭阁。阁内面积60平方米，藏书2000册，汇集国内有关岳飞文化的图书及影像资料。有部分书籍由岳飞故乡——河南汤阴赠予。其中有岳飞传记、宋史研究、国学经典、岳飞真迹临摹本等，还有百余册20世纪80年代前的岳飞主题连环画册。

迎宾影壁 为传统中式造型，斗拱、飞檐、屋脊、鸱吻等基本结构，配以牡丹团花、岔角对花、屋脊水纹、瓦当骏马纹、雨滴如意纹等传统吉祥纹饰，端庄典雅，古色古香。正面镌刻岳飞的《满江红》词。轻启步伐，走过植有三棵本土紫树的坡形草坪，抬眼便是“怒发冲冠，凭栏处、潇潇雨歇”。

岳文化主题园

人文纪录片《岳飞》

在 2017 年 3 月开幕的靖江市首届岳飞文化节上，五集大型人文纪录片《岳飞》举行开机仪式。该片由人民日报文化传媒有限公司出品，以电影化、故事化的手法，再现南宋抗金名将岳飞参军报国、收复六郡、北伐中原的戎马一生，抒发爱国情怀，弘扬社会主义核心价值观。纪录片开机后，在靖江拍摄部分镜头，展示靖江人民对岳飞精神的传承，岳飞精神对后世的影响。该片包括《怒发冲冠》《壮怀激烈》《三十功名尘与土》《八千里路云和月》《空悲切》等内容，每集 30 分钟。该片讲述岳飞从军至临安（今杭州）被害的历史，着重描述岳飞收复六郡、四次北伐、整肃军纪、英勇抗金的事迹。2021 年 11 月 14 日至 18 日，该片在中央电视台纪录频道播出。

白衣堂文化长廊

白衣堂文化长廊位于白衣堂集镇西北角，由两部分组成。一部分通过画图展示“岳飞出世”“岳母刺字”“枪挑小梁王”“大战爱华山”等岳飞生平故事，记录《满江红》与靖江的渊源、马桥与白衣堂等地名由来的传说，通过岳飞传说故事和诗词向人们讲述白衣堂的文化内涵。另一部分通过图文展示白衣堂老街风貌，包括老店铺、老行当、老习俗等 16 幅画卷，从羊肉馆到包子铺，从汤包馆到馄饨店，从茶馆到炒货铺，从中医所到草药店……再现白衣堂先民的生活百态，赓续“勤俭家风，百业兴旺”的白衣堂文化传承，引发人们浓浓的怀旧情结，寄托人们绵绵的乡愁记忆。

樱花草莓节

马桥镇以“农文旅”深度融合发展为切入点，组织开展系列旅游节庆活动，融合农旅产业，助推乡村振兴。至2021年，共举办樱花草莓节4届，累计接待游客2万余人次，网络直播观看人数超过8万人次。

第一届靖江·马桥草莓节

2017年，为打造马桥健康休闲特色小镇，展示“美丽乡村”创建成果，实现观光农业与旅游产业有机结合，靖江市政府和马桥镇政府联合举办2017靖江·马桥首届草莓节暨马桥第七届群众文体节。活动期间，有5个农业项目进行集中签约，市农委向草莓种植户赠送草莓种植机械。靖江电视台《靖江大明星》栏目在草莓节期间走进马桥，展示马桥人民的精神文化生活，体现马桥镇文艺建设成果。

第二届靖江·马桥草莓节

2018年，第二届靖江·马桥草莓节开幕。开幕式上，靖江市草莓协会成立，南京农业大学学生教育实践基地和百果园果品基地揭牌。其间，“深圳百果园”与靖江市政府签订建立果品供应基地建设协议，“北斗天绘”与靖江市农委签订农业区块链平台建设协议，“特产地图”与马桥镇政府签订开发合作协议。

第三届马桥樱花草莓节

2019年3月23日—5月9日，靖江市政府与马桥镇政府联合举办

樱
缘
莓
好

2019 靖江市乡村旅游节暨第三届马桥樱花草莓节，活动主题为“樱缘莓好，爱上马桥”，以展示马桥一、二、三产业融合发展的经验和成果，活动期间，中央电视台《生财有道》栏目走进马桥，采访草莓种植大户，展示马桥农业产业结构调整取得的成效，推动节庆文化走出江苏，走向全国，提升马桥的知名度和美誉度。

第四届马桥樱花草莓节

2021 年 3 月 26 日，马洲旅游节暨第四届马桥樱花草莓节在马桥镇 G12 农乐谷开幕，全国时代楷模、全国脱贫攻坚楷模、最美奋斗者赵亚夫为开幕式录制寄语视频，赋能马桥发展草莓产业，助推乡村振兴。活动现场，马桥镇草莓基地获评江苏省农科院草莓产业技术创新基地。马桥镇徐周、铭坤、三爱村签署“靖江乡村旅游联盟村庄联合协议”。江苏卫视现场访谈马桥草莓种植户，介绍“特色田园乡村”建设成果。其间，演示靖江旅游 VR 实景地图，开展现场农产品展销，举办“食色生香”、粉红跑、才艺表演等系列活动。

第四届马桥樱花草莓节活动现场

樱花草莓节演出现场

市民在樱花草莓节集市购买草莓

旅游景点

G12 农乐谷

位于马桥镇铭坤村，利用该村 12 个农业地块，以传统文化为魂、以美丽田园为韵、以生态农业为基，以特色农业产业规模开发运营为切入点，以农旅田园综合体为支撑，由江苏丰成祥农业科技有限公司建设运营，占地 1600 余亩，总投资 1.5 亿元。一期项目近 380 亩，投资 6000 余万元，打造“乡村版迪士尼”，建 12 生肖主题乐园，辟 12 种果蔬智慧种植体验区，组建“微缩版果蔬联合国”，形成生态休闲、绿色种植体验、观光采摘、旅游服务等 5 个功能区。一期建成项目包括阳光餐厅、农产品展销馆和泥巴乐园、智慧农业体验园、果蔬采摘区、生肖主题乐园、稻香客栈等。

G12 农乐谷

徐周采摘走廊

徐周采摘走廊

位于徐周村，连接村内葡萄园、苗木果园、芦笋基地、农家乐、养老服务等12家合作社。廊道宽3.5米、长3千米，以树木为柱，以竹竿为顶，借鉴本地建筑风格，拼接糅合成一连串的构架景观。廊道周边分布各种不同的作物种类，以凌霄衬枇杷，以紫腾衬葡萄，以月季衬蔬菜，以樱花衬芦笋，形成错落有致、各具特色的乡村走廊景观，丰富“大美徐周”乡村旅游品牌内涵。徐家的葡萄，张家的提子，李家的石榴，周家的蜜桃，朱家的枇杷，刘家的翠冠梨……游客行于廊中，只要是能摘到的水果，尽可收入囊中，尽情享受绿色、鲜美的采摘成果。至2021年，徐周采摘走廊初具规模，先后接待旅游团队500余批次，累计接待游客10万余人次，创经济效益300余万元。

十里樱花港

位于马桥镇中部，南至三九公路，北至新江平路，全长6千米。严家港作为一条纵贯马桥镇南北的重要河港，河水宽阔平缓，沿岸人文、自然景观交错。沿河东岸柏油公路平坦宽阔，路边樱花树整齐排列。经过疏浚清淤、生态护坡，河水清澈，河旁桃红、柳绿、樱白倒映水中，相映成趣，呈现出水乡自然的生态美景。依托严家港自然资源优势，马桥提档升级打造“十里樱花港”。港区设有木屋休渡区、垂钓休闲区、农家乐园区和亲水平台、垂钓平台、水中栈道。滨港景观北段连接北江平线现代化农业集聚带，南段经过南江平线乡村旅游观光带，串联农耕采摘、民俗文化、休闲假度等旅游体验项目。阳春三月，清明前后，樱花大道花团锦簇，车水马龙，游人如织。

孙家老宅文博园

位于白衣堂东首，岳文化主题园斜对面，南临江平路，东邻严家港，占地面积135亩。园内置名木顽石，植奇花异草，景观丰富多彩。2019年，文博园获评江苏省乡村旅游三星级景区。

孙家老宅始建于1914年，原址位于渔婆路城西社区孙家桥，第一实验幼儿园对面。老宅共有3个院落，每个院落5间正房、4间厢房，共计27间。1920—1925年，在原址翻建楼房3间，木质结构，梁柱之间均为榫卯连接。楼面为实木地板，南面是晒台。楼房东西两侧墙上各有一个耳门和4个灯笼造型。

2010年，靖江旧城改造。老宅主人孙靖圻找到晚辈孙长法，希望用易地重建的方式保护和延续"孙家老宅"的风貌。孙长法收购老宅建筑的一砖一木，按照原貌绘制建筑图纸，并将建房材料编码，按序拆解收藏。2011年，孙长法先后流转徐周村、马桥村150亩土地，投资3000多万元，按原法、照原样、用原料，开始易地重建孙家老宅文博园。复建后的"孙家老宅"白墙黛瓦，有雕花的青砖、飞翘的屋脊、古旧的木门窗。前厅、厢房、后厅、耳房、弄堂、关巷尽显古朴的历史风貌，镶嵌在合漏、鲫鱼背、耳门上的木雕、砖雕，彰显精致

孙家老宅文博园

的建筑技艺。二楼室内家具、摆设古色古香，再现过去的生活场景。

此外，文博园建有蒙古风情游乐场，围绕15亩的翠冠梨园四周，修建一条宽约4米、长约100米的环形跑马场。跑马场的北侧建有马厩10间，驯养从内蒙古引进的马匹，供游人在采摘果实之余，体验策马扬鞭的乐趣。跑马场的东面有蒙古包4个，一大三小呈弧形排列。大的可容50多人，小的可容20多人。包内摆设蒙古族物品，提供蒙古特色全羊席。蒙古包外有草坪8亩，草坪上有射箭场及篝火堆等，供游人沉浸式体验蒙古族骑射文化。文博园还建有明清风格四合院20间，内有住宿、餐饮、垂钓、游玩等功能设施，四合院南面是水上足球场，另有佛堂“兜率院”以及古朴的牌坊门楼，老旧的水车、纺车、石磨、石器等。原始工坊体验区内，有老酒坊、豆腐坊、点心坊、酱坊及磨坊等各类手工作坊，让游人尽情体验旧时生产生活情趣。

静园

静园

位于徐周大道西侧，与农贸市场隔街相望。园内植物种类众多，小河蜿蜒，处处可见独具匠心的景点和丰富的“岳文化”元素。静园的命名，颇有典故。以“静”作名，灵感源于南宋著名抗金将领宗泽的诗《早发》，其中有一句“缓步徐行静不哗”，寓言闹市之中的静谧花园。园内有两处特色景观“潭水”和“雨歇”。“潭水”小景取岳飞《游嵬石山寺》中“潭水寒生月”诗句；“雨歇”则源于岳飞《满江红》词中“潇潇雨歇”，两亭隔廊相望，蕴含古朴意境，形成一道独特的美景。

良友生态园

位于孙家老宅文博园北部，徐周采摘走廊中部，占地面积 50 亩。园内绿树成荫，空气清新，种植杜仲、红枫、香橼、桂花等名贵花木及多种有机蔬菜，散养鸡、鸭、鹅等家禽，养殖鲢鱼、草鱼、青鱼、鳜鱼等各种淡水鱼，是集休闲观光、养老养生为一体的生态乐园。至 2021 年，生态园拥有房间 32 个，床位 100 张，接待上海、苏州、无锡及本地游客 2000 余人次。

高老庄

位于福兴村，占地面积 200 亩，庄内种植桃树、梨树等多种果树，放养鸡、鸭、鹅等家禽，养殖鳊鱼、鲢鱼、青鱼、草鱼等多种淡水鱼，还建有式样别致的小屋、儿童乐园、健身房、钓鱼亭等，游客在观赏田园风光、享受垂钓之乐的同时，还可体验夏摘桃秋摘梨的乐趣。

高老庄

品云农庄

东临十里樱花港，南接良友生态园，北邻沪靖农家乐，占地面积54亩。庄内环境幽静，植被茂盛，鸟语花香，景色宜人，白玉枇杷、桂花、紫玉兰、翠冠梨等遍布全庄。庄内建有民宿住房10套，建筑面积1200平方米。设施齐全，装修豪华，给游客提供温馨舒适的入住环境。庄内还设置健身房、垂钓平台、水果采摘等配套项目，供游客休闲、度假、观光。

少贤水产养殖垂钓中心

位于徐周村，水面面积60亩，常年放养青鱼、草鱼、鳊鱼、鲫鱼等淡水鱼，鱼池水通严家港，严家港通长江，实现活水养殖。游人可以坐在钓鱼亭下悠闲享受垂钓乐趣，还可以在小木屋内品尝农夫烤鱼、剁椒鲢鱼头等特色乡村美食。

品云农庄

旅游服务

江苏徐周旅游文化有限公司

位于南江平路北侧，2015 年成立，注册资金 1000 万元。2016 年，徐周乡村旅游项目列入靖江市“十三五”规划。公司主营农业观光旅游、乡村旅游、绿色养生旅游，提供温馨农家乐、吃住一条龙服务，弘扬岳飞忠孝文化，打造青少年科普教育基地，提升徐周旅游品牌效应。

餐馆酒店

随着乡村旅游业的发展，马桥镇餐饮酒店逐年增多。2021 年，镇区有餐馆酒店 20 余家，主要分布在镇区范围和徐周村内，如徐周大酒店、齐心餐厅、孙家老宅土灶馆、芦笋馄饨馆等，为游客提供芦笋宴、全羊席、红烧猪手、河豚青菜、马桥馄饨、鳗鱼烧芋头、十三香老鹅等特色美食。菜肴味美，工薪消费，年接待顾客 3 万余人次。

民宿

2021 年，马桥镇有民宿客栈、农家乐 2 家，分布在徐周村、马桥村。其中，沪靖农家乐有房间 15 套，能同时接待游客 50 人。房间设施齐全，装修别致，入住舒适。客房外小桥流水，绿树成荫，环境幽静，别有乡村风味，年接待游客 500 人。靖江电视台、泰州电视台曾多次采访报道。

沪靖农家乐　2016 年末，上海某旅游公司老板黄云彭在徐周村蔡家河旁创办“沪靖农家乐”，徐周村民腾出自家老宅，供黄云彭免费使用 3 年，黄云彭将农房进行改造，可供 50 人居住。门头上，靖江籍“诗人书法家”刘景欣题写“沪靖农家乐”。民宿背靠鱼虾满塘的蔡家河，面朝葡萄园，东、西两侧各是桃园竹林，屋后角儿还有间鸡舍、鸭棚。

COOL

徐周农旅产品展示交易中心

位于城西新苑北区，西临徐周大道，东邻农民集中居住区，2018 年建成，坐东面西，为五间两层仿古建筑。一楼为展馆，二楼为实物陈列。展馆分小镇故事、农耕文化、特色农业、特色农产、

农业体验5个展示主题，共有十大展区，分别为形象前厅、走进马桥镇、数据成就、农业大数据、合作社项目、特色田园、现代农业空间布局、大数据平台、VR漫游、美丽乡村，展示内容通过情感故事串连，体现马桥浓郁的乡土风情，展现马桥新面貌新变化。

第六篇

文化风情

马桥文化源远流长，百花齐放。这里有传承千年的岳文化，有以高何剧团为代表的群众文艺，有白衣堂、侯家市等家喻户晓的地名掌故，还有美丽的传说故事和动听的民间歌谣。让这些文化风情带你走近马桥，走进马桥。

马洲书院

南宋淳祐二年（1242），孔子第52代孙孔元虔从泰兴迁居靖江西沙，在陈公港西南（今祖师村）修建祖师堂，祭祀孔子。咸淳年间（1265—1274），孔元虔见此地无习读场馆，遂出资在宗祠祖师堂旁兴建书院一所，成为地方绅衿名士结社课艺、讲学授徒及诸生习读切磋、准备应试的场所，以马驮沙别名“马洲”取名为马洲书院，时为靖江史上成立最早的书院，为靖江文教之始。至元代，因后继无人，马洲书院逐渐荒废湮没。

明崇祯十一年（1638），知县陈函辉为兴教化，于靖城南门外迎恩亭旧址大兴土木，整合扩建邑上原有书院为一颇具规模的新书院，为重续史上马洲书院的书香文脉，新建书院仍称为“马州书院”。清顺治二年（1645）八月，清兵占领靖江，马洲书院毁于兵灾，仅存基址。嘉庆十八年（1813），基址坍没于江中。乾隆十年（1745），知县杨逢泰建正宜书院于靖城南门城内（原靖城中学，今靖城街道办事处机关大院），有房屋24间，学田1366亩。道光二十九年（1849），知县贾益谦改正谊书院为马洲书院。光绪三十一年（1905），清政府废科举、办学堂，时马洲书院已废，下半年，于马洲书院旧址建靖江县高等小学堂。学堂房屋呈“口”字形，上下两层，木质结构，中间为正方形天井，楼内四周廊庑环绕，为典型的书院式结构建筑。1983年，此楼列为县级文物保护单位，是年县政府拆除危楼，在原址兴建仿古宫殿式建筑一座，七间两层，框架结构，白墙釉瓦，复道回廊，仍称“马洲书院”。

万卷书楼

清光绪五年《靖江县志》记载，元代，靖江著名的藏书家陈杰，在西沙的江边（今横港村）住宅内建有私家藏书楼一座，藏书达万卷之多，史称“万卷书楼”。

书楼建成后，元代书画家、文学家、翰林学士赵孟頫（浙江湖州人）以及文学家虞集应陈杰之邀前来造访，并应允担任陈杰长子陈简、次子陈范的私塾先生。执教之余的赵孟頫在陈家创作

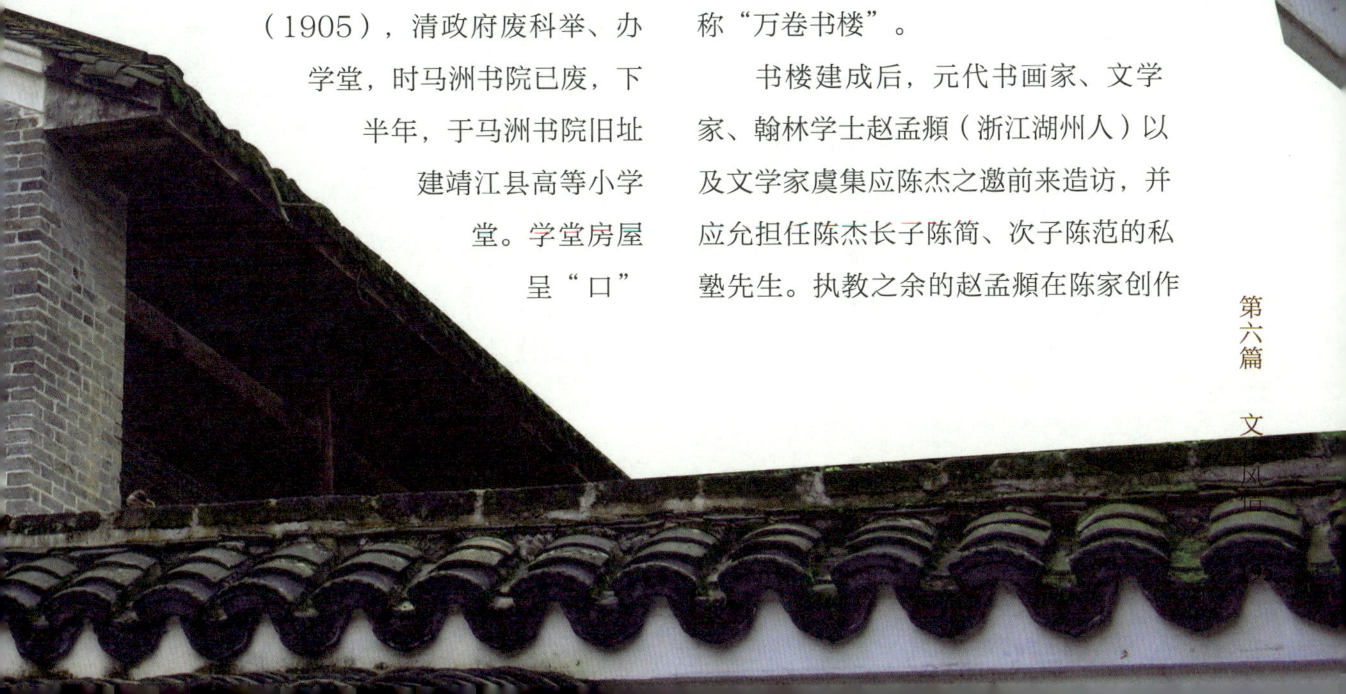

了大量书画，其中有一幅临摹书圣王羲之真迹的书画作品被陈杰刻成石碑，镶嵌在万卷书楼的走廊内，而赵孟頫的其他所有书画亦被陈杰视为珍品予以收藏。相传，陈杰曾著作《万卷书楼集》问世，赵孟頫等为之作跋，在当时颇具影响。万卷书楼所有藏书连同赵孟頫的墨宝在一次特大江坍中被毁，从此湮没在历史的长河中。

清樾园

位于城西南七里长安团。明嘉靖时朱正初在家族祖宅后辟地建园，收尽名木、古木，特点是茂林深篁。后坍没于江中。

容与园

位于城西南七里长安团。明嘉靖时朱正初辟其居住地数百亩建成，园内打造水面、池岸、假山、亭榭等景致，建了江观楼，楼外大江远山尽入眼帘。后坍没于江中。

江篱馆

明嘉靖时朱正初在其居旁建造江篱馆，每日踱步便到。馆内收藏着周、秦彝鼎，汉魏金石，晋、唐、宋、元书法名画等天下文宝，有“墨仓”的雅号。

有松斋、雪廊、石坞、江云楼、筠房、快阁、凝香堂、啸台、鹤院、雨花阉，景象万千，可赏可玩可游可居。

清嘉庆十八年（1813），长江主流北移，江岸坍没，园林消失。

链接：

王世贞与朱正初　王世贞，字元美，号凤洲，又号弇州山人，太仓（今属江苏）人，是明代复古流派“后七子”重要代表人物，一生博学多才，著述繁复，《明史》谓：“世贞与李攀龙狎主文盟，攀龙殁，独操柄二十年。才最高，地望最显，声华意气笼盖海内。”

隆庆元年（1567）七月，王世贞在京为父讼冤期间结识靖江名士朱正初。朱正初，字在明，号虚谷，人称“朱十六”，曾任鸿胪寺署丞、庐陵县丞。《靖江县志》

称：“意落落，不治生产，好古玩，多蓄法帖、名画及汉晋间彝器。性尤爱客，辟园亭台榭，选声命酒，日挥千缗，海内名流无不知。”

朱正初父朱习之，字本儒，王世贞详其家世：“君名习之，本儒其字。其先为太仓人，有仕元而海漕显者，传子都水监虎，虎子枢密院判、完，完次子荆州守源泽，源泽子政和簿、明遠实，始去吾太仓而家靖江，遂以赀雄，靖江称甲族。”

王世贞《朱在明诗选序》评论朱正初诗风时，即比之于“元白”：“在明材甚高，气甚畅，其发而为诗，语甚秀，调甚逸，风之泠泠有余响焉……今天下才士大夫结轨而谈秇者必趋唐，而唐之篇什最富者，独少陵、香山氏；其次则李供奉、元武昌而已……今令在明与元白较，五车或有所不暇，以优游员外、东川间，轩然霞举矣。”

而朱正初诗中的这种“逸调”，一方面因为他与王世贞有共同的仕宦经历，王世贞云：“（朱在明）不得志，拂衣归。会余亦解山南节归。”另一方面，在于他性格豪爽，志趣广泛。

在“挂冠优游”、诗歌唱和中，二人结下了深情厚谊。王世贞《石湖遇朱在明，小饮将别，邀过虞山吴氏馆》：“从他兴尽难回棹，念汝情深好对床。见说虞山多胜事，相携且踏少年场。”王世贞因“君赠诗以二陆见拟”而作《赠朱鸿胪在明》：“翩翩裘马自声华，率尔高阳兴未赊。白苎裁教周小史，青萍脱赠鲁朱家。书成上苑容栖树，梦就中山欲吐花。莫以故人堪入洛，只今秋思满天涯。”诗中王世贞不仅将朱正初誉为“晋朝美男”、“豪侠朱家”，而且情同手足，堪比云间“二陆”。

这种“天涯秋思”绝非在饮酒、和诗、游园中偶得，而是根植于二人对彼此人格的激赏、同“病”相怜的关照。王世贞《弇州四部稿·续稿》卷二百五收录了写给朱正初的三封书信：“仆自昨冬多应迹，且受寒，入春忽善病，几委顿。……得书知念我，而足下亦同此疾。何二鬼之好病君子也。”不仅是这种生活中身体“委顿”而互相挂念，更主要的是二人在探讨道教养生、卧游山水中所形成的心灵共鸣、思想共通。

历史遗存

朱椿墓

1958年兴修水利时，在徐周大队一队埭前六圩港兜包湾发现一座明墓，墓主为朱椿。墓穴由石板铺盖，穴内有大型棺木一口，破之有棺3层。内外棺3层木材之间浇注2层松香。尸骸置内棺之悬空隔板之上，明代官员衣着，面目如生，肌肤有弹性，关节未僵，扶之能坐。墓志记载，朱椿为明代盐运司运判，正德三年（1508）入葬，随葬瓷、铜、衣裤、布匹等冥器。

朱登福墓

1983年4月8日，白衣村陈家旮旯建立砖瓦窑，为了取土烧窑，挖出一座古墓，墓主为朱登福。朱登福死于明代万历四十年（1612），葬于东沙二十二畚，随葬品有白碎瓷碗二只，青花瓷碗一只，陶罐二只（一只缺口），隆庆铜钱一枚。

刘志真墓

1990年8月，马桥徐周村一队村民，在平整土地时，偶然发现有一古墓葬，约占地8平方米。8月26日晚9时许，徐周村一队的村民，在队长的率领下，开始挖掘古墓葬。29日上午，县政府组织徐周村一队村民继续向古墓葬下面挖掘，挖出各约一平方米见方的石头两块，一块是麻石，一块是青石。麻石上刻有“明故朱母刘孺人墓志铭”10个大字；青石上刻有用正楷书写的墓志铭。该墓为靖江迄今发现较早，保存最完好的古墓葬。

这座明代墓葬为同穴异棺夫妇浇浆墓，因采用石灰、糯米汁、松香、明矾等按一定比例掺和搅拌涂在墓壁，有防潮、防腐、粘着等功效。墓底长2.7米、宽2.31米、深1.1米。墓坑浇好后，用9.3厘米厚的木板营建外椁。东西外椁之间有一道隔梁，西椁长2.66米、宽1.15米、深1.11米，东椁长2.04米、宽1.11米、深1.05米。外椁里面有内椁，内外椁相隔5厘米，以生漆、桐油、松香等混合物涂抹，以加强防腐效果。

西椁内系男棺，长2.16米，宽0.8米，棺内墓主人朱轨，身盖绸被、背垫草席，尸体早已腐烂，留下一幅完整的骨殖，现存上海自然博物馆。在男棺之外的头部椁内，放置5只靛蓝釉瓷盖罐，2只木碗、5只锡炉、1盏锡酒壶、1只茶壶、2只锡酒杯、1只锡油端、1具锡高脚杯、1具锡烛台、2盏锡灯、5只大锡碟、5只中锡碟、4只小锡碟等冥具。5件靛蓝釉瓷盖罐较为精美，是明代瓷器中的精品，有科学、历史、艺术价值。

东椁内系女棺。长2.06米、宽0.62米，棺内女主刘志真（佛名）保存较好。由于尸体密封于棺椁中，棺中环境稳定，尸体的自溶和腐败过程受到抑制。关节尚能活动，各组织器官完好，呈现淡黄色的皮肤富有弹性，头发花白，身高1.59米，身盖桑皮纸质随身执照（冥途路引）1份。字迹清晰，写明信女刘志真。生于明成化元年（1465），斋为明嘉靖十八年（1539）3月26日。棺内出土玉簪1根，玉戒指2只，铜镜1面，锡质压身钱26枚（日、月、长命富贵、寿比南山等字），核桃2只（1只坏）。女尸身上由里向外1套完整的衣服，有瑞兽飞禽缠枝宝相花纹锦衾2件，八宝花卉暗花缎嵌加金祥鸟云纹锦袍1件，白平布女内衣1件，八宝花卉暗花缎褥子1条，四合如意云纹暗花缎夹裙1条，"化"字八宝花卉暗花缎裙1条，青布女裙1条，丝绸女裤1条，绵绸短裤1条，素缎腰带1根。"己"字缠枝宝相花纹暗花缎长腰带一根，缎面布里丝绵靴1双，绵绸面丝绵女袜1双，八宝

明青玉戒指

明霁蓝釉盖罐

花卉暗花缎信香袋1只，绣荷花枕套1只，绢料1小块，素纺料1小块，蜂蝶四季花卉纹暗花缎一小块。这六种绢、缎、纱、布、棉、绵绸产品，工艺复杂，色彩富丽，其中有加真金的丝织物，显得雍容华贵。专家初步鉴定，这些丝织物产于苏州，十分珍贵，现由苏州丝绸博物馆展览。墓志和墓盖，均为青石质，正方形，高66.5厘米，宽68厘米，志盖3行，上写“明故朱母刘孺人墓志铭”10字。墓志竖40格，横40格，全文1494字，内有4字模糊难辨，余皆清晰，为清秀的正楷书。

据墓志记载，墓主人生于明成化元年（1465）11月12日，卒于明嘉靖二十九年（1550）7月19日，享年86岁。生前有德有才，习性贤德，受到官民的器重，死后按当时法规，官吏的父母亡故，可以得到加封，因此，墓主人得皇上诰封为五品夫人。其夫朱轨，为南京鸿胪寺序班，代父坐牢16年，卒于陕西佐湖西夷陵，时为嘉靖癸未二年(1523)，享年59岁。与妻同葬于一穴，入葬时棺内未动，尸骨腐朽。男女墓主人系同年生，十九岁结婚，生儿3人，生女2人，孙子5人，孙女9人，曾孙5人，曾孙女1人。男墓主父朱岩，为太仓卫指挥称怀远将军。次子朱本思（得之）为新城丞，长孙朱玉中为两浙盐运司知事。

墓中有一张《冥途路引》，是朱刘氏嘉靖十八年（1539）三月二十六日做会时发给的“随身执照”。这是目前发现的靖江民间做会的最早实物，全称是“州府□山流传冥途路引”，厚皮纸，版刻刷印，姓名、日期为手填。虽破损严重，仍能看出主要内容。

明圆领右衽折枝杂宝花缎双凤补服

明布腰折枝花四合云纹花缎裙服

朱岩墓碑

位于徐周村内。该石碑是明代正德年间的墓表，长约 1.8 米、宽约 0.8 米，厚约 0.3 米。其墓主为朱岩，墓表撰文者为任职明朝礼部尚书、文渊阁大学士、少保贾咏，书丹者为武进名士丁致洋，篆额者则是靖江最早的明朝进士刘乾。

朱岩是朱家宗祠的一位重要人物。明正德初年，海盗作乱，朱岩挺身抵御，被授怀远将军、太仓卫指挥。朱得之为其孙。朱家宗祠范围覆盖今徐周村村委会东侧至六圩港西侧的一大片长方形区域。20 世纪初，朱家宗祠曾建有一座类似正门的牌坊，牌坊入口两侧安放两只石马，从牌坊进入后，随处可见成排的碑林。碑林后建有一座祠堂。

群众文艺

马桥文艺演出团队

2014 年，马桥镇着力打造“百姓大舞台”广场文化品牌，积极引导各社区（村）业余文艺团队常年进行“我欢歌我快乐”社区演出，开展“戏舞乡村”文化惠民活动，形成“政府搭台、社会参与、百姓唱戏”的公共文化演出机制。每逢节假日和重要时间节点，利用百姓大舞台，为村民展演喜闻乐见、丰富多彩的文艺节目。2021 年，马桥镇有 8 支业余文艺演出团队，演职人员 129 人，共演出 600 多场次，观众达 8 万人次。

白衣村喜尔乐老年艺术团　2007 年成立，团长吴建芬，有演职人员 18 人，艺术团自编自演，自筹资金，购置音响、

2021 年马桥镇文艺演出团队一览表

表 6-1

队 名	创办时间	创办者	演职人员（人）	演出节目（个）	演出场次
正北村聚乐堂艺术团	2014 年 7 月 1 日	正北村村委	17	35	90
徐周圆梦艺术团	2015 年 6 月 1 日	陆友良、倪素芬	20	30	80
新爱全民健身中心	2018 年 6 月 1 日	王明坤	24	20	30
经伦心雨艺术团人	2020 年 12 月 1 日	陈建英	18	15	12
朝西延寿园艺术团	2000 年 6 月 1 日	王凯元	15	18	414
白衣村喜尔乐老年艺术团	2007 年 6 月 1 日	吴建芬	18	20	250
侯河东方惠乐艺术团	2011 年 6 月 1 日	叶玉秀	13	15	110
侯河商泰艺术团	2020 年 6 月 1 日	商建国	20	38	24

服装、腰鼓、狮子、龙灯、花船等道具，以义演为主，到社区、工厂、学校、敬老院巡回演出，配合新农村建设和镇村中心工作，宣传党的政策，弘扬社会正气，受到社会各界好评。艺术团每年均选送优秀节目参加市各种庆典活动和市文艺节汇演，其中锡剧小戏《法不容情》入选《江苏省法制教育丛书》。

正北村聚乐堂艺术团 2014 年成立，团长刘凤英，有演职人员 17 人。演出节目以舞蹈、小品、快板为主，在自编自演的基础上，聘请专业老师现场指导，以提高演出质量。舞蹈《毛主席的光辉》《采桑小路》成为艺术团的保留节目，多次在对外演出中登台亮相。小品《有钱没钱都是妈》先后入选靖江市文艺节和文化惠民活动。

圆梦艺术团 2015 年 9 月成立，团长倪素芬，有演职人员 20 人。艺术团以“丰富群众文化生活，弘扬时代主旋律，提高群众人文素质”为宗旨，自成立起，先后参加市委宣传部、市文体旅游局举办的靖江市大明星综艺节目、天一广场开幕式、靖江市广场舞比赛、老年春晚等系列大型演出活动，众多节目中彝族舞蹈《太阳姑娘》、傣族歌舞《欢歌中国梦》、斗笠舞《茶山情歌》、扇子舞《江山》、草原舞蹈《醉乡》等受到了观众好评，斗笠舞《茶山情歌》在靖江市大明星综艺节目比赛中获二等奖。

高何农民剧团

1940 年，侯河区迎祥乡高何村有一支农民业余文艺宣传队，他们编排文艺节目，宣传党的方针政策，丰富人民群众的文化生活，配合区委开展反“清乡”、反“伪化”斗争。高河村群众基

马桥文艺演出团队演出现场

础较好，贫苦出身的民间艺人众多，荡花船、舞龙灯、挑花篮、扭秧歌、打莲湘、拉二胡、吹笛子的，不乏其人，组建文艺宣传队具有得天独厚的条件。当时演出的剧目有唤起民众抗日救国的《大后方一角》《日寇暴行》，演唱的歌曲有《义勇军进行曲》《九一八》《大路歌》等。因配合抗战宣传成绩显著，成为县内群众文艺团队的一面旗帜。1946年，国民党军队占领靖江，文艺宣传队化整为零，进行分散隐蔽的宣传活动。1947年7月，全国解放战争进入战略进攻阶段。转移至北线的靖江党政干部和县独立团于8月中旬挥师南下，打回靖江。为了配合党的中心工作，县委决定在侯河区迎祥乡高何村农民业余文艺宣传队的基础上组建高何农民剧团，运用群众喜闻乐见的形式宣传党的政策，为进军靖江收复失地做准备。县委书记汪青辰亲自过问，县文教科副科长陈其智具体负责，挑选政治条件好、具有一定文艺才能的14名贫苦农民组建剧团，后发展到30多人。剧团克服物资经费紧、服装道具缺、文化水平低等困难，自编自演10多个剧目和小型表演唱、对口调、快板书等节目，因贴近生活、紧跟形势，受到靖江广大群众和县独立团指战员的好评。良好的演出效果，让高何剧团信心倍增，他们再接再厉，先后编排《狠心地主》《蒋介石过年》《丁芙英诉苦》《送子参军》《一把刀》《美人计》《李得胜归队》《优抗》《朱友生转变》《幸福在眼前》等剧目，特别是《王友生翻身记》这部戏，在侯河区土改扩大会议上演出时，台上台下哭声一片，县团指战员们观看演出时更是斗志昂扬，有个战士甚至拿枪要打台上的“地主”，幸亏旁边的战士阻止，说台上扮演地主的演员也是贫苦农民，这个战士恍然大悟，怪自己太过入戏。演出结束后，许多青年当场报名参军。

随着形势的发展，高何剧团不断壮大，成为靖江县一支重要的文艺宣传队。从1947年8月到1949年靖江解放，高何剧团先后为工农群众、部队指战员演出100多场次，观众10万余人次，有力地配合了土改、三查三整、参军支前等党的中心工作。1948年春，县委在解放区召开宣教会议，各区剧团到会演出10余个剧目，在根据“真（真实）、对（符合政策）、用（推动中心工作）”标准进行评议，高何剧团名列第一。

中华人民共和国成立后，侯河乡在原高何剧团的基础上，组建新的文艺宣传队，选招文艺骨干，配备编导和乐队，1950年正式成立侯河乡剧团，演出内容由歌舞、说唱、快板类节目逐步向大型锡剧过渡。1958年后，剧团聘请无锡锡剧团著名锡剧小生王彬彬的徒弟仇国民传授技艺，先后排演大型古装锡剧《珍珠塔》《双珠凤》等传统剧目，以及《双推磨》《芦荡火种》《恩仇记》《郑小娇》等现代剧目，不但在靖江城乡巡演，而且经常外出到武进、丹阳、江阴、如皋、泰兴等邻县演出，总计演出千余场次，观众百万人次。1960年，副团长丁绍华出席全国文教群英会，受到刘少奇、周恩来、陈毅等中央领导的亲切接见，并获赠锦旗、奖章、金笔、《毛泽东选集》等奖品。1978年，侯河公社党委重整旗鼓，成立侯河公社业余剧团，丁绍华任团长。剧团成立后，选排锡剧《珍珠塔》，在侯河影剧院连续演出36场，场场爆满，一票难求。1983年，该剧团获流动演出许可证，并纳入演出线路管理。1986年，剧团自行解散。

高何农民剧团吴玉珍讲当年故事

传说故事

“徐周龙”的传说　相传很久以前，马桥镇徐周村还是一片汪洋之地，向东与东海相连。当时东海龙王身边有一名文武双全的小侍卫，与美丽善良的龙王干女儿一见钟情，私订终身。东海龙王知道后，觉得门不当户不对，便百般阻挠想拆散这段姻缘。然而他们遵守诺言，虽受尽折磨仍誓死不从。东海龙王一怒之下，将他们逐出东海。他们溯江而上，择地定居，不久便生下 9 个龙子，一家人尽享天伦之乐。由于江潮冲刷，天长日久，沙洲隆起，龙爸龙妈逐渐现形。两龙之间怀抱一河名叫“殿沟”，过往船只川流不息，素有“白天千人拜，晚上万盏灯”之说，实乃一块稀有的风水宝地。若干年后，徐、周两大家族看到这里地势平坦，土地肥沃，又有神龙保佑，便相继定居这里形成村落，遂名“徐周村”。他们一起修路造桥，植树种粮，尤其擅长栽种果木，远近闻名。

此事被天上的“百脚精”知道了，一天趁看守它的天神打瞌睡，悄悄地溜到这里，又吃又抢，无恶不作。龙爸怒不可遏，与“百脚精”展开殊死搏斗，虽打败了“百脚精”，但龙爸也身受重伤，生命垂危。佛祖知道后，念及龙爸因护佑百姓而受伤，便派人将其送往杭州西湖疗伤。龙妈思夫心切，每日站在村口，翘首遥望南方，期盼丈夫早日康复，回到自己的身边。徐周村人感恩神龙相救，在徐周村周家埭东建起“神龙庙”，逢时过节聚集庙中膜拜敲钟，祈求神龙保佑风调雨顺，幸福安康。532 年前的一天，神龙庙前一棵银杏树上突现一条巨龙，头立树梢，尾巴伸到东边的六圩港里，长约五六十米，粗约三米，威风凛凛，神采飞扬，人们奔走相告“神龙回来了，神龙显灵了”。自此以后，相传在“神龙庙”祈福消灾更加灵验，一时间香火旺盛，闻名大江南北。鼎盛期有殿房 9 间，两进四合，殿前“神龙庙”3 个大字格外醒目，两旁石刻行书：“神龙驱邪恶，圣功镇

徐周村“九龙戏珠”雕塑

山河。”清朝初年，“神龙殿”毁于大火。民国时期，福海和尚听闻此传说后，经多方筹资，重建3间庙宇，改名“火烧庙”。

2016年，在徐周村百姓大舞台旁建大型铜雕“九龙戏珠”，铜雕旁石碑为“徐周龙”的传说续增美好寓意：“一龙恭喜春常在，二龙祝愿福如海，三龙徐徐育英才，四龙周周德孝贤，五龙村民共和谐，六龙幸禄祥如意，七龙福寿万万载，八龙安家鸿运来，九龙康泰神气旺。”

牛郎的传说 相传长江边住着一户郭姓人家。父母去世，家里剩下兄弟俩，老大取了媳妇后，媳妇便提出要与未成年的弟弟分家，哥哥念及弟弟尚小，迟迟不肯。后来，老二对哥哥说：“哥，分就分吧，家里我什么都不要，只要那头牛。”第二天，老大雇船送老二到江北牧马大沙。老二赶着牛往北走了一段路，寻一处土地肥沃、水草茂盛之地垦荒耕作，砍木垒土，搭房建屋。人们总见老二与牛形影不离，便称老二为“牛郎”。一年夏天，牛郎在江边结识了一位美貌女子，这女子善蚕桑，精纺织。两人情投意合，结为夫妻。因女子纺织技艺高超，又嫁于牛郎为妻，大家索性称她为“织女”。婚后，牛郎勤于耕作，植桑种麻；织女忙于养蚕，纺纱织布。两人兢兢业业，所收五谷杂粮、所产丝麻布料多有积余。农闲时，牛郎便游走于市贾，做起布匹杂粮生意，用来添置生产所需，改善居住条件。日复一日，年复一年，他们生意越做越红火，产品销往大江南北，牛郎成了牧马大沙上有名的财主员外。牛郎织女守岁祭祀时，许愿来年建造观音大殿。岁首过后，夫妻俩勘察地势，确定长江支流六圩港西侧为观音大殿吉址。此后，牛郎织女精心设计，用心建造，倾尽心血，历时一年有余，终于在丁卯年的九月十九日竣工，当初殿名为“自在庵”。自在庵因观音大殿气势不凡，吸引众人来此敬香拜佛，求财求子，保佑安康太平，成年累月香火缭绕，昼夜不绝。后来“自在庵”改名“总观音殿”。总观音殿伴随着牛郎织女的动人传说故事，经历千年延续，其间百姓多次筹资重建，香火一直沿袭至20世纪50年代后期。

十三个半甩子　民国初年，白衣堂市初具规模，街道两旁商铺林立，杂货店、旅馆、饭店、粮店、鱼行、木行、铁匠店、药材店应有尽有，其中有13个店铺的店主均是二十出头的壮汉，彪悍帅气，身怀绝技，人称十三个甩子。其中杂货店老板朱庆年，更是人高马大，威风凛凛，被他们推为堂主，街上一旦有事，由他统一指挥。还有一个烧饼店的老板叫陈七斤，其儿子在警察局当秘书，街上发生麻烦事常请他出面调解。因陈七斤年长体弱，打斗时派不上用场，故称其为“半个甩子”。久而久之，白衣堂“十三个半甩子”就传开了。

彼时，靖江西沙地区盗匪猖獗，时常袭扰白衣堂市。朱庆年便召集大家商量对策。一天夜里，强盗们头缠黑布，手执刀棍，杀气腾腾奔白衣堂市而来。当走到杂货店门口时，朱庆年一声令下，土枪土炮齐鸣，四邻八乡群起响应，强盗们被打得落荒而逃。1944年5月，靖江县独立团奇袭白衣堂，药材店老板刘灿德化装成日军，大模大样走进白衣堂据点，配合县独立团指战员突然出击，全歼伪第十九师一个加强连，伪据点被当地群众平毁。从此，“十三个半甩子”声名鹊起，盗匪、日伪军闻风丧胆，再也不敢骚扰白衣堂市，保护了一方平安。

地名掌故

马桥的“镇辖市” 白衣堂，最初是百姓纪念岳飞脱赠白色战袍的建筑。后来，百姓围着“白衣堂”聚居，慢慢形成了集镇。清光绪五年《靖江县志》载：“白衣堂市，县西十二里”。白衣堂市，靖江西部重要的集镇之一，中华人民共和国成立后曾是白衣乡政府所在地。它有东、西、南、北四条街，东有车站、畜医站，西有猪行、供销社，南有粮站、派出所，北有医院、小集市。1958年起，随着乡政府东迁和江平路大规模拓宽，白衣堂市人气渐渐冷落。

宋家市有25个家庭，奇怪的是没有一个姓宋，只有羊、夏、孙、刘四个姓。据说，随岳家军南下的“羊、夏、孙、刘”姓祖先流落此地，开垦种粮，繁衍生息，自定村名“宋家市”。宋家市现在还有当时军营战壕的遗迹。

过去，由于交通不便，农村几个埭之间就有一个集市。长埭市、新市、小市半埭里的“市”就是这类集市。庙宇港（八圩港）流过长埭市埭头，因港而成市，当地人就在那里做起买卖。

卖东西的人推着小车、挑着担子，早早地来，买东西的人也早早地赶水路、陆路而来。

有意思的是，虽然名字里有“市”，但是马桥老百姓上集市却不说“赶市”，往往舍弃“市”而直呼其名或说“上街”“港上”。

侯河市 水洞港河两岸店铺林立，商人侯河所开的店铺也在其中。他有着一副菩萨心肠，乐善好施，深受当地人的敬重。为了纪念他，就以他的名字作为地名，侯河市因此而来。又因当地侯姓百姓居多，俗名“侯家市”。

也有人说，这和一只猴子有关。从前有个艺人带着猴子到这里来表演杂耍，猴子活灵活现的表演很受当地人的欢迎。一个调皮的青年一时兴起，拿了块红布在机灵的猴子面前晃来晃去，猴子被激怒了，向那人猛扑过去，挠得那人脸上血迹斑斑。青年人的父母向艺人要赔偿。艺人不肯，一旁的猴子似乎知道了什么，突然向青年人和他的父母跳过去又扑又咬。主人见状又急又恼，用木棍狠狠打了猴子几下，可怜的猴子生气了，流着泪逃离了主人，后来被捉住用火烧死了。主人知道后，后悔不已，长叹了一句：“都是我惹的祸呀。”但更多的人说是猴子惹的祸。后来，有人问起猴子闯祸的地方，有嘴快的人说是“猴祸”，由于谐音，久而久之就成了“侯祸”。也不知过了多久，有人提出“祸”字不吉利，还是改了好，加之靖江方言发音的影响，最后就传成了“侯河”了。

也有人说，正好该地有一条河流贯通其间，便有了“侯河”这个地名。

谢家井　清同治年间，徐周村谢家埭严家港东的谢鸿诰一边照顾着组建不久的小家庭，一边面对着科举考试的重压，努力备考。赴考前的几天，谢鸿诰不经意间听到家中母鸡鸣叫几声，触碰了紧绷的神经，私以为是不祥之兆，心生怯意。好在谢家有贤妻，在这应考的关键时刻，她站了出来。贤妻带着微笑，说出了这样一句话：“公鸡不叫母鸡叫，靖江单中一个谢鸿诰。”妻子的睿智鼓励，既风趣又体贴温馨，打消了谢鸿诰的疑虑。谢鸿诰最终金榜题名，成为进士。

这一切美好发生在谢家埭古井边。谢家埭开发成徐周村村委会北侧的文化古街。古井位于文化古街建筑群的背后，井口直径约 40 厘米，井壁用古青砖瓦片围砌而成，坚固且滤杂。井内有水，清澈、冷冽。谢家人古时来此地定居，靠着今严家港东岸建宅。古井掘于清咸丰年之前，供整个家族取水。随着世代繁衍生息，谢家人分支出宅，继续向东增建房屋，东西向的谢家埭逐渐形成。开垦良田、积聚人气后外姓人家也来此聚居，形成了如今西至严家港，东达蔡家港（六圩港）的长埭。

百姓对古井有着深厚情感。谢家古

井既是全埭人的饮用水担当，又是抗日情报站对接点，还当过乡民心中的“并眼菩萨”。

祖师村 位于孔家北埭西首，南临横河，东靠刘四港，堂内立有孔子像。据史料记载，孔子后裔于金兵进犯中原时迁移至泰兴定居。南宋淳祐二年（1242），孔子五十二世孙孔元虔至马驮沙择地定居，设立孔家祖师堂，供孔子后人祭祀。孔元虔精于儒学，见当地没有习读场所，便在祖师堂附近设馆讲学，并将学馆命名为“马洲书院”。清乾隆年间，靖江的孔子后裔正式被曲阜孔氏家族接纳承认，载入《孔子世家谱》。乾隆二十八年（1763），衍圣公引文给江苏巡抚，恳求将靖江县的孔子后裔另编户籍，免除他们的徭役，并将此项规定刻石永存。中华人民共和国成立后，孔家祖师堂所在村落取名为祖师村。

准提庵埭 位于幸福村，因埭上有个准提庵而得名。传说，埭前有一条堤岸，岸外一片汪洋。一天，一和尚路过这里，坐下歇息，喝了几杯酒，便躺在堤上用葫芦作枕、斗笠遮身呼呼入睡，一睡就是三天三夜不醒。埭上百姓见状大声齐喊：“和尚醒来，和尚醒来！”和尚被喊醒睁开眼，随手将葫芦里的酒洒在堤岸和江水里，嘴里念念有词：“保佑堤岸永固，不闹洪灾，众生高枕无忧，平安无事。”念毕，双手将葫芦送给村民，转身沿江边向东南方向走去。当走到拦江坝时，把斗笠往江水里一放，坐在斗笠上直向南方漂去，瞬间无影无踪。和尚走后，村民仔细观看葫芦上的图文，发现写有“三目十八臂，准提菩萨”，顿觉福运来临，便各自捐资，在埭西头空地上建寺庙、立神龛，供奉准提佛像，并将寺庙命名为准提庵。

经伦庵 位于经伦村靖江抗日烈士公墓西侧，坐北朝南，庙内供奉经伦王菩萨。据传古时有位清官，满腹经纶，学富五车，为民办了许多好事，深得百姓拥戴，视他为替百姓解难济困的保护神，却被朝中奸臣嫉妒，不得重用。他死后，当地百姓为了表达对他的怀念之情，建了一座寺庙，取名“经伦庵”。自此，四方百姓常常进庙烧香，祈求风调雨顺，无灾无难。每年的农历二月十九、六月十九、九月十九这三日，庙内更是香火旺盛。

老虎埭 福兴村有个毛家埭，位于靖泰界河南岸，埭上村民大多姓毛，后更名“老虎埭”。据传，界河北岸有个肖姓地主，他有百亩田地在界河以南租给佃户耕种。肖地主刁钻刻薄，肆意欺压，佃户们苦不堪言。佃户毛老五看在眼里，恨在心里，于是便起早贪黑练武艺，准备为穷人伸张正义。练了3年，毛老五能手举碌碡，肩挑千斤，上屋不用梯，过河不用桥，武艺高强远近闻名。这一年秋天，稻谷登场，肖地主带着打手和账房先生收租来了。毛老五见佃户们辛辛苦苦打下的粮食被肖地主无情盘剥，按捺不住怒火，将收租用的秤和斗砸烂在地。肖地主看着毛老五虎背熊腰像座铁塔，吓得灰溜溜地过界河去了。佃户们见状受到启发，纷纷跟着毛老五习武抗租，从此肖地主3年不敢过界河收租。毛老五勇斗地主的义举口口相传。因谐音把“老五”传成了“老虎”，为纪念毛老五，后人就把毛家埭改称“老虎埭”。

祁三品埭　位于三爱村，此处曾有祁氏居住，他们是山西祁县晋大夫祁奚的后裔，在明代洪武年间定居靖江。清代出现了一位流芳至今的清官祁云林。他中举至杭州任七品县令，为官一方，清廉为政，洞察民情，后积劳成疾，离任回靖养病。一天，乾隆皇帝下江南，来到杭州，得悉他两袖清风、一身正气、鞠躬尽瘁的事迹，调查核实后下旨将他官职擢升为“三品”，并赐新官服，派专人送到门上。后来当地群众为了纪念祁云林，将这个埭取名祁三品埭。因祁云林无子嗣，祁姓人家陆续迁出，至今埭上没有祁姓人家。

灯阁埭　清朝年间，在马桥镇东北处有一个短埭，居住着七八户人家。那时，城里商店出售的陶瓷油灯要卖两枚紫铜板，穷人买不起，这几户人家晚上只好摸黑。埭上有位陈篾匠，心灵手巧，他仿照油灯式样用4根竹子打孔穿铁丝固定，制成“井”字形灯座，又打制碟子状油盏头搁置在灯座上，油盏里倒上豆油，摆上两根灯草，一盏油灯就做成了。陈篾匠将竹制油灯拿到城里去卖，每盏油灯只收小钱两枚，市民都乐意购买。有人问他住哪个埭，陈篾匠总是说：“埭上人少，还没有埭名。”知县听说此事后，便将这个埭定名为“灯阁埭”。

白前门埭　集福村有个白前门埭，说起此埭还有一段故事。明末清初，兵荒马乱，一年轻小伙子挑着一副货郎担随难民逃荒至靖江，落户一何姓人家。他每天一早挑着货郎担外出做生意，晚上回来还帮着何家做事，不久便与何家独生女产生爱慕之情。何家见这小伙子身强力壮，做事勤快，便把他招为上门女婿。婚后，何氏女在家料理家务，小伙子外出做生意，日子十分美满。后来他们买下当地一块土地，购置建房材料，建成一座大宅院，前后两进，东西10个院子，每个院子有一个前门，且前门墙壁均用石灰粉刷成雪白颜色。后来人们就将这个埭叫做“白前门埭”。

穷吼埭　集福村东南角的陆家半埭，以前叫穷吼埭。传说，埭上有个大力士，外号老黄牛，他身高七尺，腰围三尺有余，脚如蒲扇，手似荷叶，干活力大如牛，做事总是急吼吼的。关于他的传说还有一件趣事。一年插秧季节，他半夜就起身，一个人忙着下河架设水车，别人家4人车水，他只要一个人就将水车踩得飞快，边车水边打车水号子，方圆几里都能听到。水车好后才回家吃早饭，一到家，他穷急吼吼拿起大海碗就到坛子里盛焦屑（麦子炒熟后磨成的粉），一下子吃了好几碗。他老婆回来问他：“你吃的什么呀？”他说：“是你磨的焦屑呀！”他老婆一看吓了一跳：“哎呀，这不是焦屑，是粯子呀！”大力士说：“我饿得穷急吼吼，只顾闭着眼睛吃，怪不得总感到有点生腥味呐！”此事传开后，村民们都说他是天上的“巨灵神”下凡，是庄稼人的福星。大力士死后，村民们为了纪念他，就将这个埭叫“穷吼埭”。

烧火棒埭 位于福兴村陆三港边。烧火棒，过去用于灶膛掊火的工具，之所以成为埭名，与一桩人命案相关。陆三港南通长江，北临界河，港边有一短埭，住七八户人家。晚清年间的一个秋天，陆三港漂来一具男尸，正好搁浅在短埭头的河边上。原来几天前，泰兴有一富家男子失踪，家人怀疑被人谋害，便告知县衙。泰兴知县派两名公差寻到靖江，终于在短埭找到了尸体。于是短埭上的七八户人家成了嫌疑对象。随后，泰兴知县会同靖江知县一起来到短埭，现场审办此案。经排查，埭上人家全是老实巴交的农民，无作案可能，排除了嫌疑。审理结束后，靖江知县说：“我早就料定，这烧火棒长的埭上的人不会做这伤天害理的事。”泰兴知县可能没听清，以为这个埭就叫“烧火棒埭”，临走时宣布说：“经过调查，你们烧火棒埭没有杀人。”靖江知县接着说：“烧火棒埭人好，不做坏事。”村民听后十分高兴，到处传说此事，一传十，十传百，七里八乡都传开了。从此，短埭就被当地人叫做“烧火棒埭”，一直沿用至今。

七宿埭 位于栗树村。七宿埭住户

都姓高。之所以不叫高家埭，是因为埭上的高家人世世代代感恩一位宋代曾驻扎在此的岳家军军官——七宿。因为他的善良、正直、忠诚，人们纪念这位历史过客，将此埭改名为“七宿埭”。

聚乐堂 位于正北村。清朝中期，这里埭上大姓人家有位音乐才子刘彬，在京城当“乐手”，擅长唢呐、箫、笛、笙等乐器。告老还乡后，刘彬仍恋旧业，将自家的四合院作为场馆组织起民间艺人，成立民间乐队。在他精心指导下，大家奏乐、唱歌、舞蹈的水平迅速提升，高水平的演艺招来七邻八乡群众观赏，乐队也在全县声名鹊起，县衙颁赠“聚乐堂”匾额一块，悬于屋内。弦歌雅乐的聚乐堂成了马桥一带老乡心中的骄傲，以至于把刘家埭改名为聚乐埭。2014年，为加快美丽乡村建设，正北村打造百姓文体广场，成立聚乐堂老年艺术团。每逢重大节日，艺术团充分利用“聚乐堂”这一展示平台，组织编排，义务演出，与村民形成良性互动，提供多元化的快

聚乐堂广场

乐体验。

九龙村　马桥镇有个九龙村，这里民风淳朴，人杰地灵，交通便利，商业发达。此村之所以得名九龙，民间还有一段神奇的传说。

此地原来濒临长江，是连接南北重要的码头之一。码头两边芦苇茫茫，野趣天成。码头北面有座土地神庙，庙内有尊雨神座下之物，人称九龙菩萨。某年夏天，连续数周未雨，河塘干涸，禾苗枯萎。一日，江边芦苇突然起火，大有吞噬周边庄稼之势。情急之下，四五个身强力壮小伙子赶紧跑到庙里把九龙菩萨请了出来，搭台唱戏，焚香叩拜，乞求神灵赐雨救灾。说来真灵，一个小时之后，天空乌云密布，电闪雷鸣，下起了倾盆大雨，迅速浇灭了大火，滋润了庄稼，老百姓高兴极了。为答谢菩萨赐恩，当地乡贤自发筹资重修了九龙庙，重塑了九龙菩萨金身，并将所在村改名为“九龙村”，2001年6月，与马桥村合并，更名为马桥村。

总观音殿　位于徐周村蔡家港边，原叫“自在庵”。传说三国时代吴赤乌年间牛郎织女相爱在此定居、开垦荒滩，设立自在庵。明朝洪武初，自在庵内观音二殿被潮水冲毁，地方百姓把二殿神像北迁至蔡家港边，命名为“总观音殿”。总观音殿的香火一直沿袭至20世纪50年代末。原址处被徐周村打造成了佛寺主题的人工湖文化景观。

火烧庙　位于徐周村蔡家港边，古称神龙庙。该庙求敬拜者必须“先孝父母”，任何人先做到“孝”，才能进庙门拜东岳大帝。百姓们入庙祈福，望风调雨顺、瑞意吉祥。乡民们前来敬香求佛，乘船而过的南北过客、商人，也会在此泊船，入庙求安康、求丰收、求财、求子。而且，庙内的空房间对百姓开放，人们若有需求可短暂歇脚入住。

朝西殿　位于白衣堂西南500米处。古时，每当遇到灾荒年岁，人们便将庙内菩萨请出，举行隆重的拜祭仪式，恳请菩萨保佑白衣堂的人们无灾无难，幸福安康。

九里庵　位于集福村中片，曾是一个规模较大的寺庙，在靖江寺庙中颇有名声。乡民们每月逢初十、二十、三十来此烧香敬佛。来此庵堂朝拜，人们都要洁面净手，整理衣冠，并且坚持以步代车。

民间歌谣

明清时期，大量的江淮难民到靖江拓荒定居，带来一些各地的民间歌谣。随着人口的集聚和繁衍，在日复一日的劳作和生活实践中，人们又不断创作了大量的歌谣，口口相传，吟唱不息。炎热夏天，马桥时有山歌对唱，场面十分热闹。对歌胜出者，全场会高声喝彩和热烈鼓掌，而输者要用蒲扇向胜者扇3下凉风，或倒一杯大麦茶奉上，以示佩服，然后对歌继续进行。21 世纪初，靖江开展非物质文化遗产普查，马桥镇陈梅林、袁春海、黄明清等人，通过现场演唱或手抄歌本，提供众多代表性歌谣作品。其中陈梅林老太太，熟记并能吟唱山歌近 500 首，2012—2015 年间，泰州电视台、靖江电视台以及《泰州日报》《泰州晚报》《靖江日报》等多家媒体记者登门采访，现场录像，陈老太太或念或唱，脱口而出一连串山歌，令众人赞叹不已。流行于马桥地区的民间歌谣中，劳动歌谣涉及车水、栽秧、耥稻、打场等诸多田间劳作场景，体现了繁重劳动的艰辛和苦中作乐的智慧；生活歌主要反映农民的日常生活，有对旧社会的控诉，有对新生活的向往。

肚子饿来心里糟

肚子饿来心里糟，吴江买米镇江淘，
凤凰山上砌堂灶，虎丘山上打柴烧。

瞌去朦松要吃茶

瞌去（睡）朦松要吃茶，
东山头茶树才报芽，
烧茶娘娘优（摇）篮里坐，
送茶郎哥哥坐篮车。

和睦家庭幸福多

栀子花开白嗖嗖，
和睦家庭幸福多，
郎在外头耕田车水打号子，

姐在房中摇棉织布唱山歌。

打场号子

一记高来一记低，连枷打得蓬蓬飞，
家鸡打得团团转，野鸡打得擦天飞。
打起号子我起头，黄豆不打不出油，
芝麻打油郎吃团，菜籽打油姐梳头。
东南风起暖洋洋，连枷上下把豆鞭，
郎打号子劲头大，姐唱山歌嗓子尖。

栽秧号子

赤脚巴天进稻田，低头看见水中天。
手栽六棵黄秧子，后退原来是向前。
四月天，五月天，哪有闲人站路边，
人人都有秧在手，口唱山歌手插秧。

耥稻号子

耥稻要唱耥稻歌，两膀弯弯着泥拖，
眼观四方田中稗，来来往往耥六棵。

车水号子

新打车轴两头尖，一对塌枕在两边。
廿四个轴榔头随脚转，乌龙戏水进稻田。
带唱山歌带种田，不费功夫不费钱，
自己唱了精神好，旁人听听也新鲜。
喊起来了和起来，和到春风杨柳开，
杨柳娘娘换新衣，大姐招郎换花鞋。

千年万载忘不了

东南风起浪滔滔，百姓岳庙把香烧，
你磕头来他作揖，千年万载忘不了。

老百姓最爱岳元帅

栀子花儿门前开，老百姓最爱岳元帅，
初一月半都烧香，保佑八百年没灾害。

白衣堂就在生祠东

栀子花开心里空，白衣堂就在生祠东，
斜桥就在青龙镇，孤山就在正当中。

日头平南

日头平南正中心，细草凉帽好遮荫，
八仙台子好办酒，大红鞋子好装新。

日落西山

日落西山没多高，要吃夜饭早点烧，
早点烧来早点吃，省得蚊子作号淘。

我有山歌万万千

山歌就在嘴唇边，我有山歌万万千。
南京唱到北京去，家来又唱二三年。

你肚里山歌没我肚里多

你肚里山歌没我肚里多，
我肚里有山歌十万八千箩；
从你桥上过一过，
压断桥板塞破河。

姐在房中等情郎

日落西山黄又黄，花在园中姐在房，

花在园中等露水，姐在房中等情郎。

唱支山歌试姐心

姐在河边采红菱，郎在岸上看得清，
丢块石头试深浅，唱支山歌试姐心。

你唱山歌可在行

问：你唱山歌可有根？
你晓得东海龙潭有多深？
扬子江里多少浪？
靖江孤山怎样称？
答：我唱山歌怎没根，
东海龙潭万丈深。
扬子江里浪推浪，
你背孤山我来称。
问：你唱山歌可在行？
你晓得世上有多少稀奇床？
哪张床上不生子？
哪张床上不睡郎？
答：我唱山歌老在行，
世上有两种稀奇床。
和尚床上不生子，
尼姑床上不睡郎。
问：什么尖尖尖上天？
什么尖尖水面前？
什么尖尖街坊卖？
什么尖尖姐面前？
答：宝塔尖尖尖上天，
菱角尖尖水面前，
粽子尖尖街坊卖，
引线尖尖姐面前。
问：什么花开像黄金？
什么花开白如银？
什么花开红似火？
什么花开绿茵茵？
答：油菜花开像黄金，
梨树花开白如银，
石榴花开红似火，
倒挂杨柳绿茵茵。
问：什么花开沿江边？
什么花开看不见？
什么花开嘴朝上？
什么花开朝太阳？
答：芦头花开沿江边，
白果树开花看不见，
喇叭花开嘴朝上，
葵花开放朝太阳。
问：什么出世一点红？
什么出世一蓬松？
什么出世颠倒挂？
什么出世反扳弓？
答：苋菜出世一点红，
韭菜出世一蓬松，
黄瓜茄子颠倒挂，
扁豆出世反扳弓。

宽心谣

日出东海落西山，
愁也一天，喜也一天；
遇事不钻牛角尖，

人也舒坦，心也舒坦；
每次领到生活费，
多也欢喜，少也欢喜；
少荤多素三顿餐，
粗也香甜，细也香甜；
新旧衣服不挑拣，
好也御寒，赖也御寒；
常与知己聊聊天，
古也谈谈，今也谈谈；
内孙外孙同样爱，
儿也心欢，女也心欢；
全家老少互慰勉，
贫也相安，富也相安；
早晚操劳勤锻炼，
忙也乐观，闲也乐观；
心宽体健养天年，
不是神仙，胜似神仙。

劝世谣

南来北往走西东，看得浮尘总是空。
天也空，地也空，人生杳杳在其中。
日也空，月也空，来来往往有何功。
房也空，屋也空，换了多少主人公。
田也空，地也空，死后只占一荒冢。
金也空，银也空，死后多少在手中。
妻也空，子也空，黄泉路上不相逢。
官也空，职也空，数尽孽障恨无穷。
朝走西来暮走东，人生恰似采花蜂。
采得花来做蜜饼，到头辛苦一场空。
夜深听净三更鼓，翻身不觉五更钟。
从头仔细思量看，便是南柯一场梦。
勤劳致富是正道，邻里计较有何用。
自古和气财路广，宽宏大量受尊重。
唯利是图人轻看，存仁积德后路通。

民间习俗

岁时习俗

春节　农历正月初一，男主人起床，煮上小圆子，摆上香几台，祈求新年家人平平安安，团团圆圆。男女老幼穿戴一新，早餐吃甜糯米圆子、馄饨，小辈向长辈拜年。左邻右舍串门相互拜年，主人以枣茶、瓜子、糖果招待，若是晚辈，还有礼包相送。大年初二，开始走亲访友拜年，直至正月初八。年初五为财神生日，百姓人家尤其是商家店户，争相燃放鞭炮迎接财神，期盼新的一年财源广进。

元宵节　村民吃元宵，舞龙灯，扭秧歌，荡花船，踩高跷，猜灯谜，寓托美满团圆的心愿，渲染热闹欢快的节日气氛。入夜，出门赏月，燃灯放焰，直至正月十八“落灯”。

清明节　清明节最重要的仪式是祭祀，乡亲们先在家供奉祖先，再上坟插柳“飘山”，以寄托对先人的哀思。其次是踏青，置身野外，体验万物复苏的盎然春意。民谚有“清明蛋，好当饭”之说，表明气温回升，正是家禽下蛋旺季。“清明前后，种瓜点豆”，预示夏季将至，万物生长，农忙即将到来。

立夏　立夏意味夏季开始，炎热的天气即将来临。马桥有立夏吃甜菜馄饨之风俗，称作吃“送命馄饨”，意思是吃了馄饨就要准备过大忙，吃大苦，从事割麦、耕田、耙地、插秧、车水等繁重农活，大忙过去，人要脱层皮，搭上半条命。如今夏忙远没过去辛苦，许多繁重的体力劳动被机械化、智能化农机取代，但吃甜菜馄饨的习俗仍传承至今。

端午节　农历五月初五，家家门前悬挂苍蒲、艾蓬，以驱赶邪毒和虫蚤。早餐吃粽子，有火腿粽、赤豆粽、红枣粽、蛋黄粽等。中午饮雄黄酒，以驱防蛇虫侵害，吃“五红”，即苋菜、番茄、红烧肉、虾、黄鱼。是日，新女婿备好粽子、草帽、布伞等送至岳父母家过节，谓之“送端午”。

腊八粥

夏至　有“长到夏至短到冬至”之说，意思是夏至这一天白昼最长，黑夜最短。到夏至农忙已过，家家户户吃馄饨，叫吃“养命馄饨”，意即村民经过紧张的夏忙劳动，可以改善生活，休养身体，以利秋收再战。此习俗至今尚存。

七月半　俗称鬼节。家家户户吃茄饼祭祖，谓先祖之灵在冥间赴茄王会。茄饼需选用青皮圆茄子，先切成茄夹子，夹上肉馅，裹上面糊，下油锅煎至金黄色即成。

中秋节　节前，至亲好友有赠送月饼的习俗。有豆沙月饼、全清月饼、鲜肉月饼等，分苏式月饼、广式月饼两大类。女儿向娘家、晚辈向长辈送“八月半礼”。在外游子，大多要在中秋节回家团聚，故又称团圆节。

重阳节　农历九月初九重阳节，有登高、祭祖、吃重阳糕的习俗。马桥村民在节前大多要制作重阳糕。晚辈请长辈吃重阳糕，以示孝敬。

大冬　节前半个月内，家家户户要选日子过节祭祖，祭品为冬团。而在冬至日当天祭祖的，则是当年有丧事的人家。这是一年中最后一个祭祀祖先的节日，因此仪式氛围分外严肃虔诚。

腊八　农历腊月初八，相传为释迦牟尼道日。村民有食腊八粥的习俗，用大米、花生、芋头、蚕豆、莲子、红枣、百合、核桃仁等至少8种食材煮成咸粥，寓驱寒避邪、保健养身之意。

廿四夜 农历腊月廿四，传说这一天灶君（灶家菩萨）上天向玉皇大帝奏报一年中人间的善恶之事。中午烧赤豆饭供奉灶君，傍晚用绿竹、翠柏枝、冬青树枝在大门外搭好“刺枷棚”，将灶君纸（马纸）、纸币、纸元宝一起放在棚中焚化，意即送灶君上天言事。“廿四夜”又称小年，中午菜肴丰盛，赤豆饭得留着，待除夕夜“接灶”再用。如今，“送灶”习俗尚存。

除夕 为农历一年中最后一个节日，俗称“三十夜”。家家户户置办鱼肉年货，添置新衣，掸扫檐尘，以除旧迎新。是日，先是祭祀祖先，意为让老祖宗先过年。下午贴春联、福字、喜钱、年画，还要用散石灰拍上“国形包”，寓意来年五谷丰登。晚上接灶神，合家团聚吃年夜饭。饭要留一点到年后再吃，表示连年有余。入夜，鞭炮齐鸣不绝于耳。长辈为小辈

端午扎粽子

发压岁红包，全家围坐一起，观看春晚，跨年守岁。

生活习俗

婚嫁

相亲 女方经媒人介绍后去男方家中相亲时，一方面看男方人品，一方面看家庭状况，如双方中意，则开始交往了解，培养感情。过去有对年庚八字，即看双方属相是否相克之俗，现在不再看重。

定亲 即订婚，订婚仪式在改革开放前比较流行，一般是男方给女方送去聘礼并设宴请客，男女双方亲朋好友应邀赴宴，现时此习俗已不多见。

结婚 男女双方与媒人商议结婚事宜，选好良辰吉日。结婚当天，男方派人去女方家抬轿子，拿嫁妆，并请管弦乐队（洋八弹）迎亲，一路吹吹打打，热闹非凡。女方则派人送亲。男女双方均大摆宴席，亲朋好友吃喜酒，闹洞房。随着时代发展，婚礼中融入更多现代元素，豪华气派的迎亲车队取代了花轿，婚礼仪式多由专业婚庆公司操办。婚宴多在酒店举行，宾客随礼赴宴，席间由司仪组织文艺节目助兴。

回门 过去在婚后第三天，新娘要和新郎一起带上礼品回娘家，称之回门。回门当天，新娘父母再怎么依依不舍，也必须在太阳落山前让新婚夫妇赶回夫家。如今，大都在结婚当天回门。

生庆

贺满月 孩子出生，孩子的父亲将红蛋分送亲朋好友，一是报喜，二是请吃“三朝饭”（孩子出生的第三天主人家办的喜酒）。吃过红蛋和“三朝饭”的亲朋好友要在月内带上礼品，去主人家“看产妇”。小孩满月当天，主人家办满月酒，亲朋好友前来庆贺。宴毕，为孩子敬菩萨，保佑孩子健康成长，一生平安。孩子的父亲抱着小孩过3张桥，每过一张桥投掷一枚钱币，祈愿小孩顺利成长不遇关卡。

贺生日 马桥百姓一般逢九贺大生日，有“贺九不贺十”“贺三不贺四”之俗。9岁（10岁）生日是人生中第一个大生日，为此庆贺寄托着父母对孩子的美好愿望。生日当天，外婆家“忙担子”，“担子”中一般有一扁子小圆子、一扁子寿面，扁担头上挂有鱼、肉，另加寿桃、糕粽和衣帽鞋袜一套新装。生日中午吃寿面，晚上吃喜酒。过59岁以上大生日，称作“做寿”，由子女晚辈操办，亲朋好友备上贺礼前往赴宴。到79岁、89岁、99岁（百岁）生日时，庆贺仪式更为隆重，埭上众邻会向老寿星祝寿。如今贺寿仪式日趋丰富，吃生日蛋糕许下心愿，拍摄照片视频留下纪念。若逢百岁大寿，官方也会莅临祝贺，以示政府对老年人

70年代，瓦工在屋脊上做“二龙戏珠”浮雕

的关心。

建房

建房是人生居有定所的头等大事，故上梁礼仪十分隆重。上梁需择吉日，选良辰。上梁前一天，岳丈家备糕粽鱼肉及中堂挂对等前往暖梁。上梁日，亲朋好友至主家贺梁。主家则在新房四周张贴红纸字条，避免忌讳以求大吉大利。上梁仪式开始，木匠在正梁中央贴上“福、正、福”3个大字，一边贴一边说“合子”：“手执正字喜洋洋，我替主家封正梁。正字贴在龙口上，荣华富贵万年长。”接着敬菩萨，在正堂中央八仙桌上置放荤盘、五色果子及盛于盆中的两条活鲫鱼等供品，全家老少磕头叩拜，祈求菩萨保佑家宅平安，匠人再说“合子”。祭拜结束，将鲫鱼放生，燃放鞭炮。接着，两名木匠各拿大斧（谐音“代富”），拉着系在正梁两端的青布条，登上竹梯，边上梁边说“合子”。木匠把正梁安装到位，在正梁之中挂上红绿布和万年青，开始“抛梁”，即把岳丈家送来的糕粽、寿桃从梁上抛下，边抛边说“合子”。木瓦匠说“合子”，会向主人讨“喜钱”，主人十分开心，均会送上红包。“合子”内容极为丰富，都是工匠们根据人们祈福心理编撰而成的吉祥语。

丧葬

域内传统丧葬习俗纷繁复杂，且具迷信色彩。改革开放以后，殡葬改革不断深入，传统的丧葬习俗逐步被文明健康的礼仪取代。进入新世纪后，许多农村居民住进新农村集中居住区，不便在套间中摆设灵堂，许多选择在殡仪馆操办丧事。丧事一般3天，合“三天无忌”之意。亲朋好友至殡仪馆吊唁，主家向来宾下礼。火化前举行遗体告别仪式，在场亲友依次逆时针绕遗体缓行3周，与逝者告别。遗体火化后，一般于当天将骨灰盒葬于公墓，做七、脱孝一日完成。

止
治
社会主义核心价值
国
业
Domo
MIND

方言俗语

马桥方言是老岸话。老岸话语区位于吴语与江淮方言交界处，因其特殊的形成过程，在语调和词汇方面具有鲜明的地方特色，保留浊音、入声和尖团音分化。在马桥西南与东兴镇虽只有一河之隔，但所说方言与东兴沙上话在语音语调上显然不同。马桥人说方言，具有全套的浊声母，没有翘舌音，前后鼻音不分，有 7 个声调、28 个辅音声母、54 个韵母，具有隶属吴语的显著标志。在长期的江淮方言包围影响下，马桥人的词汇中不可避免地掺入了江淮方言的成分，两者借鉴融合而成的特殊词汇，蕴含着丰富的地方文化印记和趣味。在日积月累的生产生活经验积累中，马桥人善于总结提炼，经常使用歇后语、谚语等生动活泼的语言，明晓哲理，开启智慧，或高度概括，或寓意深刻，或诙谐幽默，为人津津乐道，得以长久流传。

方言不仅在诗词里美丽着，还在生活中拨动着人们情感的琴弦。

方言词汇

豁虎跳——形容跑得快

象象——玩玩

跐——站立

睏——睡觉

上括——讽刺

无事八脚——无缘无故

笃老瓢——聊天

方屁股——霸着凳子不让人

跟屁虫——一直跟着别人

对脚板——两人玩得默契

背水纤——想学别人样又力不从心

车反水——故意提出相反的意见

钉汤落水——粥烧得很稀，不粘稠

立等火发——等不及

切切拔拔——说话结结巴巴

萎头落角——精神不振

胎亥——守规矩，有出息

独食盆——喻一个人享受

鬼胎生——形容怕见生人，怕见世面

歇后语

一刀斩在壳树上——白说（血）

灶老爷上天——好话多说

侯河市向西——小事（市）

雨落在稻田里——正好

陈治国吃饼馊——过到好哩

薛笃子拈花——稳笃金刚

牛吃芦祭稽——绷账（胀）

三十夜打面糊——贴对（完全正确）

两个哑巴睏一头—— 没得话讲（很好）

巧儿妈妈养巧儿——巧上加巧

年初一穿仆（帮小孩穿衣服）——穿一个少一个

弄堂里扛木梢——直来直去

麻雀子掉在烟囱里——有命没毛

冒失鬼（外行）蒸馒头——没眼孔

孔夫子搬家——总是输（书）

和尚坐轿子——空欢喜

帽子没边——顶好

叫花子唱戏——穷开心

老和尚敲木鱼——多余滴笃

杨木扁担——宁弯不断

出头椽子——先烂

钥匙挂在胸口头——开心

谚语

在家千日好，出门一时难

不是一家人，不进一家门

平时不烧香，急来抱佛脚

平日不做亏心事，半夜敲门不吃惊

火到猪头烂，功到自然成

好一个千难万易，恶一个三言两语

人争一口气，佛争一箍香

出门不弯腰，进屋没柴烧

吃不穷，穿不穷，算计不到一世穷

桑树条子从小揄（意即教育小孩要从小时候抓起）

穿衣看门面，吃饭看来生

新三年，旧三年，缝缝补补又三年

一郎新，二郎旧，三郎穿的破衲头

冬吃萝卜夏吃姜，不找医生开药方

家有千担谷，不吃鱼搭粥（意思是吃鱼要多喝粥）

五谷杂粮多入口，大夫改行拿锄头

头对风，暖烘烘，脚对风，请郎中

头要冷，脚要暖，肚子不要装太满

春打六九头，米麦黄豆塞街头

三月清明麦不秀，二月清明麦秀齐

三月干得沟底白，青草变成麦

清明到，吹麦哨

梅天无雨大荒年

立夏动锹（种豆），小满动刀（镰刀收割）

寸麦不怕尺雨，尺麦就怕寸雨

雨笃飘山纸，小麦烂作屎

人在家里热得跳，稻在田里哈哈笑

四月十六（农历），蚕老麦熟

麦秀风来摆，稻秀雨淋淋

夏至难逢端午节，百年不遇岁交春

南闪（闪电）空，北闪风，东闪火门开，西闪雨上来

九月东风两天半，十月东风等不到暗（要下雨）

西风腰头硬，东风两头尖

十月中，梳头吃饭都是工（形容冬至日白天很短）

干冬湿年，邋遢正月半

“白露”身不露（意指过了白露，身体不能外露，以免受凉）

闰年不种十月麦

上角仓仓满，下角水连天，月口刀枪动，月背大荒年（正月初七、初八看攒星）

初三不见月，要阴半个月

西风夜静

西北风响，蟹脚痒

鸡冷绉脚，鸭冷下河

第七篇

物产美食

马桥物阜民丰。草莓、芦笋、香沙芋等特色农产品各有品牌标志；马桥馄饨名闻遐迩；马桥猪爪、香沙芋系列菜肴，牛车水、飘零大叔系列休闲食品等脍炙人口，深受群众喜爱。

物

产

草莓

2012年，马桥镇种植大户从浙江等地引进草莓进行种植试验，当年即获成功。此后，建设自动化种苗扩繁基地，采用标准钢架大棚、玻璃温室等设施栽培，通过科技赋能延伸草莓产业链，提高亩均产量和产值。2016年，马桥镇多家合作社种植草莓，种植面积1500余亩，品种有“红颜”“天仙”“章妃”“桃熏”“月星”等。马桥地产草莓营养丰富，富含有机酸、维生素B、维生素C和胡萝卜素，具有养颜美容、养肝明目的功效。马桥草莓口味丰富，除了传统的草莓香，还能感受到桃香、花香等不同风味。采摘后的草莓还可以加工草莓干、草莓酱、草莓蛋糕、草莓酒、冰点草莓等。“红颜”品种获江苏省第八届“紫金杯”优质草莓评比金奖，“益源”牌草莓获江苏省无公害农产品认证。2021年，马桥草莓种植面积3000亩，亩产2.5吨，亩均利润2万至2.5万元。

草莓立体栽培

香沙芋

祖师村香沙芋素有“芋中板栗”美誉，是远近有名的特色农产品。因河道、土壤无污染，加之土地肥沃，这里种出的香沙芋一直是靖江香沙芋中的精品，具有栗香、黏糯、口感细腻、

淀粉含量高、营养丰富等特性，被誉为“芋中板栗”，深受消费者青睐。2000年，祖师村村委会组织村民在马家埭、朱家埭、贾家埭连片种植。2001年在全村推广，面积达到1000亩。还制成桂花糖芋、麻辣芋仔、飘香芋果、灌汤芋球、玫瑰芋蓉卷、水晶芋饺、香沙芋汤圆、香沙芋菜饭、香沙芋八宝粥、香沙芋西米露等芋头制品。2012年取得泰州首个“国家地理标志商标”。祖师村是靖江香沙芋主要种植基地之一，该村土质细腻，酸碱度适中，2021年入选江苏省特色农产品优势区。经过省经济粮油食品检测中心检测，祖师村出产的红芽密节香沙芋蛋白质含量3.45%，纤维含量0.3%，碳水化合物含量20.87%，理化指标明显优于其他品种，更适宜香沙芋支链淀粉的形成和积累。

香沙芋还能做出美味的菜肴。老人们喜欢将香沙芋洗净后直接用水煮熟，什么调料都不放，剥开后蘸着白糖或是酱油吃，比板栗的味道还香。

鸡汁香沙芋是各大酒店的招牌菜式，用鸡汤将剥皮后的香沙芋煮至绵软再高温收汤，看似简单却口齿留香，吃到停不下来。还有芋头烧扁豆、糖醋芋头、芋头烧肉等，都是马桥人喜欢的家常菜肴，个个美味。

芦笋

进入21世纪后，马桥规模化种植芦笋，其中徐周村有机芦笋基地占地200亩，每年3—10月采摘，亩产芦笋约1.5吨。马桥芦笋营养丰富，具有极高的食用价值，富含多种氨基酸、蛋白质、维生素及人体所需的微量元素。禧泽牌芦笋及相关产品走进阿里云下盒马鲜生、尚膳园等知名商超。马桥镇因势利导，指导种植大户瞄准农业产业化方向，发展农产品深加工产业，开发出芦笋糕点、饼干、茶包、唇膏、面膜等纯天然健康养生系列产品，市场需求旺盛，形成产、供、销深加工产业链，促进产能提级增效，农民增产增收。2021年，马桥镇共销售芦笋1400吨，销售额2500万元。

大米

“双久”牌大米　江苏省农科院培育的水稻优质品种，属中熟晚粳类型，比普通粳稻晚15天左右，一般在冬季霜降前成熟收割。九一村使用生态有机农家肥，按国家有机农业生产标准种植“南粳46”水稻，生产加工成的“双久”牌大米，为无公害绿色产品，在2011年第六届全国粳稻米大会上被评为全国金奖大米，堪称江苏省最好吃的大米。其饭粒晶莹剔透，口感柔软润滑，富有弹性，有“一家煮饭满楼香”的美誉。

“朝绿”牌大米　朝西村亮海家庭农场，坚持采用不施农药、化肥、激素的种植技术，凭借自然力和土壤力栽培优质水稻。其大米注册为“朝绿”牌商标，2017年，被中国绿色食品中心认定为绿色食品A级产品。

“橡之乡”牌大米　靖江橡之乡米业有限公司集谷物种植、初级加工于一体，种植基地设立于马桥镇迎祥村。公司研发的胚芽米留胚率在80%以上，保全糙米营养，留存新米鲜香。胚芽米中含有丰富的粗蛋白、粗脂肪、膳食纤维、矿物质、维生素、谷维素等生物活性物质。长期食用胚芽米能够降低血清胆固醇、软化血管、提高人体的新陈代谢能力，对预防冠心病、糖尿病、骨质疏松等具有良好的辅助作用。公司年产大米14000吨，年产值6000万元。

徐周葡萄

20世纪90年代，徐周村书记徐忠祥在村里率先种植葡萄。在他的带领下，村干部采取“走出去学习，请进来传授”的方法，摸索葡萄生长技术，成立了一支土专家团队——“葡萄种植技术智囊团”，为全村葡萄种植提供技术支撑。经过5年努力，徐周村种植的葡萄不仅

葡萄园采摘

个头大，而且汁多味甜，亩产效益均在万元以上。

“香羽”牌猪肉

靖江市绿野生态园有限公司位于横港村，2004年创立，占地面积300余亩，建筑面积1万多平方米，总资产780万元。公司始终坚持以生产优质生态农产品为宗旨，通过国家畜禽品种委员会引进“苏山猪”地方优质肉猪品种，利用村内林间空地种植的青饲料及豆粕、玉米、麸皮等绿色食品，自行配制加工饲料，其产出的猪肉肥瘦适中，肉色自然，口感鲜嫩，肌肉脂肪含量28%，粗蛋白质含量23%。2007年获国家工商总局颁发的“香羽”牌猪肉注册商标，并通过江苏省农林厅产地认证和国家农业部产品质量安全中心产品认证。2010年获评“泰州市名牌产品”，2011年获评“江苏省名牌产品”。2015年，被中国绿色食品发展中心认定为“绿色食品A级产品”。公司严把安全质量关，生产过程严格执行NY/T2799、NY/T471、NY/T472等标准，形成从“养殖—屠宰—深加工”的全产业链，推动绿色食品一体化标准化建设，产品销往本地和苏南等大中城市。2021年，公司出栏生猪1万多头，生产“香羽”牌猪肉800吨，实现销售4000万元。

徐周提子

产自徐周村的提子，果粒长尖椭圆形，尖端呈紫红色，近根部呈黄色至浅粉红色，宛如女子刚做的指甲一样美丽，于是人们便把它称作“美人指”。摘一颗放到嘴里，味道极甜，且甜而不腻，清新爽口，口感极佳。

芡实

俗称鸡头米、鸡头莲，是药食同源的一种植物，是一味收涩药，为睡莲科植物芡的干燥成熟种仁。2018 年，白衣村村民林金志创办靖江市靖鸿沃家庭农场，农场占地面积 150 亩，主要种植芡实。芡实种植是一项辛苦活计，从育苗开始，要经过移栽、假植、定植、追肥、开花、结果等多个环节，其间无一不是靠人工劳动，真可谓“粒粒皆辛苦”。每年三四月份育苗，七八月份开花，九十月份结果，每个过程都是一次蜕变。收获的果实得除去果皮，取出种子，洗净后再除去硬壳晒干为成熟种仁，这其中凝结了芡农的心血和辛劳。果实像石榴，层层包裹，具有天然营养价值，富含维生素和矿物质，有益肾固精、补脾止泻、除湿止带之功效。2021 年，农场实现产值 48 万元，利润 21 万元。

徐周蟠桃

形状扁圆，顶部凹陷成一个小窝，果皮呈深蓝色，顶部红晕，味甜汁多，有“仙桃”之称。蟠桃因形美、色艳、味佳、肉细、皮韧易剥、汁多甘厚、味浓香溢、入口即化等特点而驰名。徐周蟠桃园位于徐周采摘长廊的北尽头，这里土地肥沃，土质松软，适合蟠桃的种植，所产蟠桃含有蛋白质、脂肪、糖、钙、磷、铁和维生素 B、C 等多种成分，食用后可以补心活血，清热养颜，润肠通便，易于消化，是一种营养价值很高的水果。每到成熟上市季节，这里的蟠桃便被订购一空。

水蜜桃

新市村水蜜桃种植园位于樱花大道向北 3 千米处，占地面积 30 亩，创办于 2000 年 3 月。该水蜜桃从无锡阳山引进，果形大，色泽美，香气浓，汁水甜，被誉为水蜜桃中的“爱马仕”。2021 年，总产 30 吨，销售额 60 余万元。

冬枣

九一村村民朱峰引进种植 256 棵枣树。冬枣果实近圆形，表皮平整光洁，似小苹果，汁液多、甜味浓，略酸。冬枣果实营养丰富，脆甜可口，含有大量维生素 C、钙、维生素 B、胡萝卜素等，素有“维生素丸”之称。口感清爽、脆生，肉质鲜嫩、汁水丰富，回味悠长，且有淡淡的奶油香。10 月初青枣成熟的时候，市民纷纷驱车来此购买。

桑葚

九一村种植的桑葚初熟时为绿色，成熟后变为黑紫色或红色，口味微酸而甜。桑葚有生津润燥、乌发明目、生津润肠、养颜美容的功效，有一定的食疗价值，是一种理想的保健食品。

采摘桑葚

翠冠梨

徐周村种植数十亩翠冠梨。此品种属于沙梨系，果实近圆形，果皮为黄绿色，果肉为雪白色，肉汁细嫩且柔软多汁，单个果重为200克左右，大的可达450克，7月中旬成熟。

中山杉

中山杉育苗基地位于幸福村，占地1000多亩，每年可产千万株中山杉幼苗。中山杉由原产北美的落羽杉、池杉和墨西哥落羽杉等树种杂交而成。幸福村培育出来的幼苗具有树形美观、树叶绿色期长，生长速度快、抗风性强、耐水湿等优点，成为各地加强生态保护和治理的主要植被。

中华鳖

马桥镇百德惠农庄利用稻田生态在稻作基础上养殖中华鳖。一方面，稻田为甲鱼生长提供得天独厚的场所，它活动范围大，生长发育快；另一方面，甲鱼又为稻田疏松土壤，捕捉害虫，从而降低生产成本，提高经济效益。而且这种甲鱼野性十足，动作敏捷，腹部乳白色，背部橄榄色，裙边肥厚而略向上翘起，肉汁鲜嫩又有韧性，比普通养殖的有更好的营养和口感。

美食

马桥馄饨

在靖江众多的馄饨品牌中，唯马桥馄饨最负盛名。马桥馄饨以地域冠名，足见马桥人对这道美食的喜爱与钟情。地道的马桥馄饨是以韭菜（或小青菜、芦笋）、猪肉、河虾为馅的三鲜口味。猪肉须是猪后腿上的纯精肉或上好的夹心肉，韭菜、小青菜、芦笋以马桥当地农家自种的为最佳，虾必须是活水河港里的新鲜河虾，馄饨皮也以轻薄而不失延展韧性的小馄饨皮为宜。将鲜肉切成细肉丁，加上调料腌制，将虾去头、尾、足，再将韭菜或焯水拧干的小青菜剁细，与肉末搅拌成馅。包制时一只馄饨一只虾，是马桥馄饨的约定标准。马桥馄饨好吃，还因为十分讲究的汤头，用猪骨、鸡骨混合熬制，熬出猪骨的醇厚与鸡骨的鲜香，汤清而味鲜，方属至味。馄饨出锅前，碗中放入一小块熟猪板油、两撮青蒜叶，浇上两勺骨头老汤。猪油被老汤的高温化开，泛开点点油花。此时，漏勺捞出的熟馄饨滑入老汤中，一碗滚烫鲜香的馄饨置于食客面前，红色的虾、绿色的菜透过薄薄的馄饨皮清晰可见，加上扑鼻而来的香气，让人胃口大开。舀上一只，咬上一口，清滑的馄饨皮下，韭菜的鲜嫩，猪肉的鲜香，河虾的鲜美，在舌尖上绽放。

马桥馄饨起源于20世纪80年代中期，多集中在低压开关厂西边的弄子里。为了吸引顾客，每家馄饨店都在馅料皮子上动脑筋、做文章，皮子越来越薄，馅越来越鲜，名气也逐渐做了出来。这几家馄饨店馅料基本上统一为每只馄饨里边有一个河虾、一块腿肉。端上桌，半透明的馄饨皮内，绿色的蔬菜、红色的河虾若隐若现，一只只馄饨宛若一块块翡翠，让人忍不住想吃又舍不得下口。大家也形成了马桥馄饨好吃又好看的共识，马桥馄饨于是远近闻名。

在众多的马桥馄饨店中，名气较大者有大华馄饨店、桃子馄饨店和马桥孙

味

记馄饨店。这几家馄饨店，从选菜、烫菜、剁菜、切肉丁到拌馅芯，均严格把关，确保馅芯质量，三十多年如一日，所做的馄饨，味道鲜美纯正，是“马桥馄饨”中的佼佼者。2013年、2015年，“桃子馄饨店”和“马桥孙记馄饨店”分别被国家工商总局商标局注册。“马桥孙记馄饨店”于2016年、2018年成功申报泰州市知名商标。马桥馄饨店品牌化经营，线下开到江阴、昆山、上海等苏南大中城市、线上建立网络销售渠道，马桥馄饨成为马桥美食的代表。

马桥猪爪

马桥猪爪滋味独特，久负盛名。20世纪80年代，马桥人陈勇在白衣堂开了一家饭店，就餐者络绎不绝，他们主要是冲着陈勇创制的红烧猪爪而来。他烧的猪爪，色泽红润，肥而不腻，令人垂涎欲滴。陈勇的父亲陈正明，曾是上海擅长烧制猪头肉的大厨。陈勇在他父亲调料配方的基础上，增加灵芝、桂皮等中药材，熬制成老汁汤，再将猪爪刮毛洗净，剁去爪尖劈成两半，煮半熟后放入老汁汤中，用文火焖烧，直至热鳌腾芳、香不腻人为止。食客称此菜不仅色香味诱人，还能润泽容颜、强身健体。

马桥猪爪，煲得烂熟，皮肉分离，肉绵皮胶，骨髓漏出，入口易化。

凌晨，饭店老板买来新鲜的猪爪，用镊子一根根地拔除猪毛，再以钢丝球洗，然后汆烫、起锅，再刷洗、汆烫。如此三遍，才放心下锅。猪爪在炖煮卤汁时除了放十多味制卤香料，还必须加入老母鸡和野生甲鱼熬煮的原汤。煤球炉子上炖煮四五个小时，炖得很透的猪爪，蹄筋软烂之中还带一点嚼劲，一口咬下去，卤汁随着糯糯的胶质感在嘴里无限蔓延。卤汁越老，口味越是鲜香醇厚。真正做得好的老计猪爪，热吃、冷啃皆宜。聚丰园的马桥猪爪，咸甜适度，软糯弹牙。在“聚丰园”开业的 20 多年来，不少熟客每月必去啃两盘。马桥“聚丰园”几易地址，但猪爪制作手艺得以传承。

粉蒸肉

大厨季付清制作的粉蒸肉食之糯而清香，嫩而不糜，香味浓郁。将猪肉洗净切成薄片，放在盆中用盐、黄酒、酱油、糖等多种佐料腌制；把大米洗净沥干水分后，在炒锅中用小火炒成微黄色，取出晾干后，擀成粗颗粒米粉；把米粉倒入猪肉盆里，加少许水，让米粉湿润，使每片肉都能裹上厚厚的米粉。五花肉要挑层次丰富、肥瘦相间的；猪肉腌渍前，必须先沥干肉面水分；调料时要一次性配比好，不然味道总会差那么一点儿；肉片必须厚薄均匀。肉皮朝下，逐片码在碗里，放入蒸锅里蒸熟即可。

香芋美食

马桥盛产香沙芋，密节红芽，沙糯甜香，其中又以祖师村出产的“祖师”牌香沙芋最为出名。香芋可制作多种美味佳肴：毛芋头，即将芋头煮熟，剥去芋皮，蘸上麻酱油，原汁原味，口感醇香；鳗鱼烧芋头，将鳗鱼斩段焯水，香沙芋去皮，炒锅烧热，下猪油、姜片、葱结煸香，依次倒入鳗鱼、芋头，加生抽、料酒、盐等佐料，放少许水，旺火烧开后改小火焖半小时即成，此菜芋头糯香中兼具鳗鱼的鲜美；蟹黄烩芋头，炒锅上火，放入熟猪油、葱姜、料酒煸香，依次倒入蟹黄、去皮熟芋头翻炒，再加盐、味精、嫩蒜叶，淋上麻油即成，此菜软糯鲜嫩，回味悠长。

马桥河鲜菜

马桥境内数十条河港直通长江，利用长江水养殖河鲜鱼种，经过厨师的烹调，做出来的口味令人流连忘返。马桥地区规模水产养殖数千亩，除了青草鲢鳙传统品种之外，鳜鱼、甲鱼、白条、虾、螃蟹等均有养殖。马桥河鲜菜既保留传统菜肴的质朴，又有现代创新的卖点。传统的河鲜菜以炒、烧、煎、炖、焐为主，如清蒸鳜鱼、白煨河豚等，保留鱼本身的鲜味。马桥厨师不断创新，通过焖、烤、铁板、纸包等现代烹调方法，生炒河鱼片、豚皮烩鱼肚、粽香鳜鱼、鲻鱼两吃等新颖菜品不断翻新，这些新品种色香味俱全，鲜嫩兼得，既讲究原汁原味，又讲究营养搭配，为四面八方众多消费者所接受。值得一提的是，位于樱花大道西侧的徐周村大酒店，大做河鲜文章，在僻静的乡间打出了名气。

河豚烧青菜

河豚剧毒，马桥有“拼死吃河豚”一说，意指饕餮之徒明知河豚有毒，吃之有性命之虞，但拼了命也要大快朵颐，可见河豚之鲜美。过去马桥村民烧河豚，香气会飘散半个埭，但主家绝不主动邀请客人品尝，怕承担风险。河豚毒素主要在鱼油、鱼血、鱼目和鱼子。想要吃河豚，须请有资质的厨师烹制，且厨师须先品尝后上桌。如今制作河豚菜肴大多在饭店进行，遵循严格的操作规范确保美味与安全兼得。在马桥，河豚菜肴多种多样，有生炒河鱼脯、白汁河豚、香辣河鱼子等，尤以河豚烧青菜最为著名。

蟹黄汤包

蟹黄汤包与岳飞有关，与中原移民有关，其源头为河南开封的“王楼山洞梅花包子”。

岳飞渡江淮流民于阴沙时留下的移民中，有一部分生活在马桥。有考证说，他们在河南开封“王楼山洞梅花包子”的基础上，就地取材，运用靖江特有的玉爪蟹资源，研发了蟹黄汤包。靖江蟹黄汤包与“王楼山洞梅花包子”的选料、调馅、笼蒸等工艺，大体如出一辙。

徐周葡萄酒

徐周村葡萄种植户卢筛明研发自酿葡萄酒技术，用上好的葡萄置于水中浸泡 2 小时后捞出风干，打碎后放入瓷器罐内加糖密封，再经过几个月的发酵成葡萄酒，酒体呈绿色，味道醇香，深受食客青睐。

骥江米酒

马桥镇侯河村东埭有一家骥江米酒坊，为当地村民王翕根的爷爷在清朝末年创办，至今已有 100 多年历史。该酒坊早期鼎盛时有帮工六七人，建专用码头为方便远道而来的顾客通过水路装运米酒，规模在侯河市首屈一指。民国年间，酿酒技艺传给其子王满庆。中华人民共和国成立后，王满庆又传给儿子王翕根，成为“骥江米酒坊”第三代传人。祖传的骥江米酒是以糯米为原料，酒精含量12度，口味甘甜芳醇，用米酒煮荷包蛋别有一番风味。王翕根接手后在传承中不断创新，在创新中谋求发展，申办食品工作坊登记证，注册“骥江米酒”商标。

进入21世纪，王翕根的骥江米酒已经实现批量生产，供应靖城、孤山、生祠等周边地区，远销浙江、上海等地，被誉为靖江的“女儿红”。

猪肉脯

马桥镇有十多家肉脯生产厂家，“达林达味”“秦香源”“润浸”等品牌生产工艺大致相同，但每一家的味道都略有差异，原味的纯真、香辣的热情、脆脯的爽口。

“伊香”是马桥镇创办时间最长的老牌肉脯厂家。在这里，猪肉脯生产过程复杂而严格，选用的是新鲜猪肉后腿部分，剔去皮、膘、筋骨，取其整块纯瘦肉为基本原料，剖成薄片。然后，将配以白糖、味精、特级鱼露、鸡蛋等几十种佐料涂在肉片上，其中鱼露一味至关重要。之后，再将肉片平摊在特制的筛匾上烘烤。先后要经过片肉、拌料、摊筛、脱水、烘烤、压平、修剪、装箱等几道工序，才成就那一片片色、香、味、形俱佳的肉脯，方可出厂上市。

在诸多品牌中，“飘零大叔”是其中的佼佼者。“飘零大叔”是马桥人孙铜初创立于2007年的一家淘宝店，主营肉脯。2010年，孙铜初成立靖江市悠味食品有限公司，公司在淘宝、天猫、京东等平台共开设店铺8家，为靖江肉脯吸引客户400万人次。

第八篇

精神文明

马桥，民风淳朴，崇德向善。这里传承红色基因，爱国主义教育常态开展，这里文明创建成绩斐然，徐周村荣膺全国文明村。在马桥，见义勇为、爱岗敬业、尊老爱幼、助人为乐蔚然成风，涌现出全国劳模徐忠祥等一批道德模范，社会主义精神文明建设红红火火。

红色印记

红色基因

马桥镇侯河地区是靖江的革命老区，素有优良的革命斗争传统。抗日战争初期，中共泰兴县工委在侯河区建立中共靖泰边区河南支部，不久建立中共侯河区委员会和侯河区抗日民主政权。

1940年，侯河组织民众担架队，发动群众做军鞋、送军粮，支援黄桥决战。1941年，新四军第六师一部驻侯河区一带，侯河人民鼎力支持，提供全部给养。1942年，苏中三分区军政党委员会书记叶飞在侯河区八圩埭召开干部会议，指出侯河区是靖江抗日根据地的活动中心，要求大家坚持原地斗争。此后，侯河区委发动数千民众参加包围生祠堂、马桥伪据点的斗争，取得反伪化斗争的胜利。1944年1月3日，侯河区迎祥乡民兵赵筛庆在十方庵徒手生俘伪军1人，缴小炮1门。4月4日，侯河区队配合县独立团于庙宇港边伏击由靖城下乡抢粮的日伪军，击毙日军4人，俘伪军1个排。5月18日，县独立团化装奇袭白衣堂伪据点，全歼伪第十九师陈正才部一个加强连，据点被当地群众平毁。1945年8月19日，区委组织近500名基干民兵参加围攻靖江城的战斗。此后，区委又组织反攻营参加收复泰兴城的战斗。

解放战争初期，侯河区队配合县独立团先后多次袭击靖江至黄桥的敌水陆运输线，截获大量军需物资，获华中军区首长张鼎丞、邓子恢、粟裕、张爱萍、谭震林嘉奖，嘉奖令称："你们这种就地坚持、英勇击敌的精神，堪称华中地武民兵之表率"，《解放日报》《新华日报》均作报道。1947年1月18日，国民党军一部到侯河区迎祥乡"扫荡"，儿童团团长周银海为保护党员干部壮烈牺牲。10月，县独立团在蔡家市桥一带与3路国民党军队展开激战，歼敌1个大队，击溃2个大队，此战扭转了县党政军机关进军靖江的被动局面。此后，侯河区队和东兴区队联合作战，逼退生祠堂、白衣堂据点之敌，使侯河区与靖西连成一片。1949 年，侯河区人民响应党的号召，全力以赴支援解放军渡江作战，组织数千群众抢修四圩港至长江边沙石公路 7 千米。同时，区委组织常备民工随解放军渡江南下，参加解放杭州和上海的战役。

夹阳造 1941 年春，新四军第六师一部在三爱村东夹阳埭创办造枪所，所址设在此地一个丁姓的大户人家。丁家共有 14 间房子，两边厢屋秘密做了军工作坊。屋前是河沟，三面环绕着竹林，十分隐蔽。

抗战时期，该地为靖西革命老区侯河区，群众基础好，百姓全力协助造枪所。民兵日夜轮流站暗岗，百姓加倍掩护，不透丝毫风声，多次化险为夷；埭

上一位丁姓木匠固定帮忙，村民们在任务紧时前来出力，从不计酬劳。造枪所人员用尽各种方法，穿越敌占区，经常一小批一小批、一小件一小件地运回铁板、铜管、销钉、铆钉、锡块、火药等原料及枪支零件。生产工具都是锤、钳、锯、锉刀、钻子、铁墩、浇铸模子等手工工具，仅有几台靠脚力辅助的机床。但是造枪所工人通过娴熟的操作工序，三天能造一支新步枪，同时还兼顾修理枪械。

夹阳造枪所打造出的步枪，为靖泰地区军民的抗日斗争提供枪支做出贡献，1943 年下半年起，夹阳造枪所随靖江党政军机关东移靖东弯腰沟。

铭坤村 铭坤村铭记的烈士是史铭坤。在该村正茂路西侧，史铭坤就长眠于此。离烈士墓不远的地方，史铭坤的故居被重新翻建。史铭坤 1920 年出生在原侯河区双店乡，1946 年参加革命，同年加入中国共产党，曾任侯河区双店乡乡长。抗日战争胜利后，国民党反动派发动全面内战，对解放区清乡扫荡。史铭坤坚持与敌军展开游击战。1947 年 12 月，他不幸被捕，敌人用尽酷刑，他宁死不屈，英勇献身。为了纪念他，他的出生地双店村改名为“铭坤村”。

小英雄周银海 1933 年 1 月，周银海出生在幸福村的一个贫苦农民家庭。1943 年，周银海成为一名儿童团员。从此，他白天上课，晚上到村头、路口站岗放哨。一天傍晚，周银海扛着红缨枪在路口站岗，突然村外来了一人。“怎么从来没有见过这个人？”周银海举起红缨枪，拦住来人要路条。那人连忙掏出路条给周银海看。这时，乡农抗会吴会长正好路过此地，一看来人是县委组织部部长陈明章。陈部长感叹：“周银海办事认真。”从此，周银海在儿童团干得更出色，不久当上了儿童团团长。

1947 年 1 月 18 日，周银海在黎明前就爬到村西岗边的银杏树上放哨。突然，他看到远处许多人影在岸边蠕动。高度警惕的周银海飞身下树奔到准提庵小学，向正在那开会的乡干部们报告敌情。为了掩护乡干部撤退，周银海挺身而出，折返港边，钻进萱棵丛中将敌人引开，自己却不幸被捕。在大晒场上，敌人一把将周银海从人群中拉出来，对着周银海就是一巴掌：“唷！小共产党？!”逼迫周银海供出谁是共产党干部和干部家属，身材瘦小的周银海，嘴角淌着鲜血，但毫不畏惧十分镇定地说：“我不晓得！”恼羞成怒的敌营长命令士兵把周银海按倒，并用扁担将其击翻在地。从上午到深夜，在敌人的酷刑下，周银海一次次昏迷过去，嘴里咕噜着：“我不晓得。”直到最后被枪杀前，周银海咬着牙，一字一说：“你们这些狗东西，就是打死我，我还是不晓得！”

中华人民共和国成立后，政府为周银海在准提庵小学立碑纪念，后又将其墓移至经纶庵烈士陵园。马桥的乡亲们永远怀念这位靖江年龄最小的革命烈士。

渡江支前民工祁玉良 1949年春天渡江战役前夕，靖江广泛动员青年参加民工团。祁玉良是家中独子，有老母亲需要赡养。因此，当他到侯河乡迎祥村报名支前时，领导们考虑再三，拒绝了他的请求。他就跑到其他村报名。侯河乡共8个村，祁玉良在其中的5个村报了名，最终得到批准。

见到祁家独子都报了名，乡亲们感动了。经多年战乱摧残的迎祥村，男丁本就不多，但在祁玉良的感召下，有190多名村民报名参加民工团，迎祥村单独建了一个连，祁玉良担任连指导员。

1949年4月25日，祁玉良跟随三野后勤医院，于六圩港附近过江。下午，祁玉良等8名同志乘坐小船开始渡江（大船留给车马和辎重部队）。那天下着大雨，刮着大风。小船在风浪里艰难地前进，大家身边不时飞过敌人军舰上射出的子弹。突然一发子弹射中祁玉良，旁边的解放军战士赶紧挪过来给祁玉良查看伤口。大家仔细一看，真是万幸，子弹打

渡江英雄祁玉良

在祁玉良的棉衣衣角。

小船顺着江流漂摇，与风浪搏斗到深夜，船才靠近江南岸。祁玉良在黑暗中寻找着战友们，喊着出发前大家商量好的暗号——迎祥，直到天亮才召集起队伍。他不顾疲乏，赶紧到部队指挥所领受新的任务。

5月，人民解放军发起对上海的总攻。祁玉良带领的民工队，跟随三野总后医院赴上海，做好上海战役善后清理工作，打扫战场、抢救伤员、掩埋牺牲的同志。经15个昼夜苦战，将1850名重伤员分别送至后方医院救治。

双腿被截肢的伤员要如厕，祁玉良便将他抱在怀里，放在身上，蹲了一个小时，累到虚脱。护理过程中，生活环境极差，伤员疼痛呼叫声不断，日夜无眠，特别是分在病房工作的民工，连续28个日夜得不到休息。由于劳累过度，前后有许多民工病倒。仅祁玉所在的中队就有73人病倒，祁玉良自己也昏迷了几天才醒过来。战斗结束后，祁玉员获得“解放京沪杭战役，配合全军渡江”二等功，他所在的民工连队，获“渡江支前模范连队”称号。

经伦庵抗日烈士陵园（靖江抗日烈士公墓）

靖江抗日烈士公墓为靖江重点文物保护单位和青少年爱国主义教育基地。公墓位于经伦村，占地4000平方米，是靖江唯一的抗日革命烈士公墓。

1944年7月，县独立团配合苏中三分区攻打霞幕圩伪据点。此战，牺牲近80人。战后，爱国民主人士孙叔贤雇船将烈士遗体运至经纶庵。当地民兵将烈士遗体悄悄埋葬在经纶庵东侧荒地。1945年3月，靖江抗日民主政府为纪念抗战中牺牲的烈士，在此处扩建靖江抗日烈士公墓，共安葬抗战期间牺牲的靖江独立团154名烈士遗骸。县长曹衍正题写纪念碑碑名，烈士姓名镌刻于基碑。中华人民共和国成立后，公墓多次修缮，增设“靖中地区解放战争烈士纪念碑”，将周银海和朱直烈士墓迁入其中。2012年又将马桥镇58位散葬烈士迁葬于公墓内。2021年，马桥镇政府对烈士陵园进行改扩建，新增墓穴63个，将部分散葬烈士墓移至陵园。

建墓以来，每年清明节前后，前来祭扫英烈的人群络绎不绝。有的在烈士墓前举行入队、入团、入党仪式，有的在烈士墓前重温入党誓词。

三爱红色文化馆

位于三爱村，总面积400平方米，由村史馆和党员组织生活馆两部分组成，南京军区原政委方祖岐上将题写馆名。

靖江抗日烈士公墓

村史馆分为“乡情沿革”“乡井流传”“乡村群谱”三大展区，展示三爱村的历史人文和村容村貌。“乡情沿革”展区分历史沿革、产业沿革、人居环境沿革和民生沿革4个部分。“乡井流传”展区展现侯河农场和三爱农中的发展变迁，以及三爱村的特色箍桶技艺。“乡村群谱”展区展示乡村先贤和当代人才的精神传承和成就贡献。

党员组织生活馆由“光辉历程”“革命烽火”“薪火相传”“振兴学堂”4个展区组成，将镇村红色文化与党建元素有机融合，是三爱村集教育、展示、互动、管理和服务5项功能于一体的党员组织生活平台。“光辉历程”展区展示中国共产党人的精神谱系以及马桥镇、三爱村党组织架构，“革命烽火”展区展示抗日战争、解放战争时期村民浴血奋战的光辉历程，“薪火相传”展区展示三爱村党总支“兴村富民、‘莓’好三爱”党建品牌和“三联三强”党建工作法，“振兴学堂”展区设三爱村现代远程教育站点，可容纳80名党员开展组织活动。

文明创建

文明镇创建

进入21世纪，马桥镇党委、镇政府围绕精神文明建设，研究制定《关于创建文明村镇实施意见》，以创建江苏省卫生镇、文明镇为目标，开展“创建文明村镇，共建美好家园”系列活动。全民发动，结合开展“三提倡三反对”（提倡科学文明，反对封建迷信；提倡艰苦奋斗、勤俭节约，反对铺张浪费、大操大办；提倡民主法治，反对聚众赌博）活动，专项整治环境卫生，治理脏乱差，实施镇区道路绿化、亮化、净化、美化工程，全面推进新型城镇化、城乡一体化建设。2013年，马桥镇获省文明乡镇称号。2015—2016年，马桥镇获评泰州市文明乡镇标兵，2018年获评江苏省生态文明建设示范乡镇。2021年，马桥镇结合自身实际制定文明镇创建实施方案，健全创建工作机制。围绕“硬件设施，环境卫生，氛围营造，台账资料”等方面，按照“一办六组”的职责分工，补齐短板，持续发力，真抓实干，推动创建工作向纵深发展。是年，马桥镇获评江苏省文明镇。

文明村（社区）创建

1998年起，马桥镇启动文明村（社区）创建工作，实施以“清洁河道、清洁家园”为主要内容的农村环境综合整治工程。至2007年，按照“连片整治、整村推进”的工作思路，疏浚整治马桥195条村庄河道，河坡上栽植意杨、樱花等树木。2015年，马桥镇通过“万千百”（万家文明风，千人公德榜，百堂道德课）工程，开展系列活动，引导全镇各村利用百姓大舞台等载体，教育和鼓励村民向上向善，向先进看齐，摒弃陋习，弘扬美德，树立文明新风尚。征集评选各具特色的村规民约，倡导“明大德，守公德，严私德”的村风形成。2019年，马桥镇开展村企联合，结对帮扶，共创文明村，共走振兴路，做强村级经济，增加村民收入。与此同时，各行政村（社区）建立长效管理机制，打造“整洁、规范、文明、有序”的村级环境，对沿街店铺规范经营进行督查，发放“门前三包”告知书，签订“门前三包”责任状，使社区环境整洁有序，村容村貌焕然一新。开展“十星级文明户”和“最美家庭”评比活动，张贴公布美德善行榜，用村民身边榜样的嘉言懿行垂范乡里，涵养文明乡风。社区志愿者服务队开展社会化服务工程，为群众提供政策法规宣传、青少年教育、消防安全监督、社区治安管理、纠纷调解、信访维稳、留守儿童帮扶等服务。至2021年，有9个村获评靖江市文明村，7个村获评泰州市文明村。其中，马桥村、徐周村获评江苏省文明村，徐周村获评全国文明村。

文明单位创建

2004年起，马桥镇贯彻落实靖江市委、市政府《关于靖江市创建省级文明城市的实施意见》，把域内文明单位创建工作纳入党委和政府的目标责任管理，明确创建标准，落实创建措施。各创建单位通过开展宣讲、评比、演示、展览等活动，教育所属单位员工践行社会主义核心价值观，树立文明新风尚，严格按照创建标准争创人民满意单位。2015—2018年，伊香食品有限公司、天胜机械制造有限公司、苏中开关厂、

新时代文明实践志愿服务活动走进马桥镇

正茂锚链有限公司、马桥镇中心小学、马桥中心幼儿园、侯河小学、侯河幼儿园、马桥中学、马桥卫生院、侯河卫生院、马桥为民服务中心、马桥财政所、马桥供电所、靖江农村商业银行马桥支行、马桥水利站等单位获评靖江市文明单位，其中马桥财政所、马桥供电所、靖江农商行马桥支行获评泰州市文明单位。

文明家庭创建

马桥镇发挥文明家庭创建在乡村振兴和弘扬文明乡风中的基础保障作用，以“万家文明风”“千人公德榜”“百堂道德课”等系列活动为载体，以综合文化服务中心、百姓大舞台、道德讲堂、机关橱窗为阵地，通过组织文艺表演、制订村规民约、公示美德善行、评选最美家庭、推选新乡贤、征集家规家训、引导志愿者进家庭服务等多种活动形式，让更多家庭参加文明实践活动，褒扬社会新风尚，批评不良现象，倡导移风易俗，营造文明向上的浓厚氛围。2015 年，马桥开展第四届“马桥好人”评选活动，用身边人、身边事感召人，教育人，激励人。孙尚江、刘小强、刘毛郎、何桂华、戴兴松 5 人被评为“马桥好人”。2016 年，马桥镇召开“我有好家风”最美家庭表彰会，高健、侯素英、王艳萍、鞠振华等 12 户家庭被评为最美家庭，至 2021 年，共推选出五好文明家庭 605 户，涌现出一大批孝亲敬长、助人为乐、和睦邻里、勤俭持家、尊老爱幼、齐心兴业的先进人物和感人事迹。

四心六业齐心　共创大美徐周

徐周村坚持党建引领，健全自治、法治、德治“三治结合”乡村治理体系，坚持“人民至上”理念，用“良心”编织令人向往的美好生活，以“信心”推进“第六产业”发展，用“决心”突围治理难题，用“恒心”扮靓人居环境，完善自治体系，深植法治根基，系牢安全红线。深化特色田园乡村建设成果，不断完善生态环境管护体系，组建“三支队伍”，致力打造“宜居宜游”的生态文明村。强化基层组织建设，通过联动机制，坚持“两委”齐心创新、党员齐心创革、群众齐心创业的发展路径，在党支部领导下全村齐心共创大美徐周。

红动铭坤·幸福家园

铭坤村充分发挥“红色引擎”作用，弘扬队伍新风尚，促进服务新发展，致力打造一支硬作风的红管家班子，组建一个正能量的红细胞队伍，织成一张广分布的红组织网络，形成一套高产出的红产业结构，把红色基因转化为实干理念，把红色动能转化为发展活力，带动村民共建共享幸福家园。

岳动白衣·新市为民

白衣中心村党委以“岳文化”为主题，系统打造“岳动白衣·新市为民”党建品牌。“岳动”代表岳飞精神的时代传承，“新市”取谐音“心是”，意含坚守为民初心。白衣中心村党委创新“158”党建工作法，充分挖掘岳文化“严”“智”“仁”“信”“勇”精神内涵，融入党建元素，凝聚党员力量，攻坚产业发展，改善民生福祉，为白衣中心村高质量发展蓄势赋能。

兴村富民莓好三爱

三爱村以“兴村富民莓好三爱”为党建服务品牌，力促乡村振兴。“党建+产业”，激活“兴村富民”强引擎。打造草莓科普馆，引进草莓深加工观光工厂项目，培育“种苗扩繁”基地，延伸草莓产业链，提升草莓产业附加值。“党建+金融”，引来“兴村富民”源头水。与农行靖江支行党组织结对共建，健全“五联”工作机制，携手打造三爱村普惠金融服务点，推动农行开发“莓好E贷”“兴村富民贷”“爱莓宝”等金融产品。“党建+治理”，打造“兴村富民”新高地。新建红色文化馆，展示革命战争年代乡村先贤浴血奋战的光辉历程和薪火相传的精神谱系，推动落实“‘贷’动莓农、‘红’动三爱”农村信用体系建设，引导村民维护村容村貌，积累良好信用记录，绘就三爱村发展振兴新画卷。

红扬侯河

侯河村作为革命老区，一直继承和发扬老区人民的开拓奉献精神，使广大党员群众在“处处是传承，时时受教育”的红色氛围中提振精神，凝心合力。结合党建品牌，侯河村党总支建成“红扬侯河”文化广场，广场采用“一品带，三景观、六区域”（一品带：党的光辉历程；三景观：永远跟党走、红色传承、入口导视；六区域：融合展示区、中国精神展示区、产业兴旺展示区、党组侯河记忆区、休闲健身展示区、乡村未来发展区）的创新模式，打造集政治思想教育、休闲健身、文化宣传于一体的综合性党群教育阵地，坚定跟党走的信心和决心。

水润迎祥　邂逅美好

迎祥村打造“水润迎祥　邂逅美好”党建品牌。每一位党员都彰显水的“清”，散发“粉身碎骨浑不怕，要留清白在人间”的骨气，营造“调养圣贤心，洗荡巢由耳”的风气；每一位党员都彰显水的“活”，支部落实“咬定青山不放松”的制度常态化，党员拥有“喊破嗓子不如甩开膀子”的实干精神；每一位党员都彰显着水的“美”，利万物而不争，摒弃“休管他人瓦上霜”，弘扬“赠人玫瑰，手有余香”的新风尚；每一位党员干部严格要求自己，像“水”一样为人民的美好生活努力奋斗，以党建引领促乡村振兴。

以红促治心予新苑

城西新苑社区秉持“人民至上”服务理念，发挥网格支部凝聚引领作用，创新“党员干部当先锋、放亮项目解难题、全科社工促服务、党群协作共自治”基层治理新模式，着力解决社区毁绿种植、停车难、杂物乱堆等难题，以党心凝聚人心，以服务践行宗旨，通过以红促治，打造居民心中的美好“新苑”。

阵地建设

道德讲堂

2013 年 5 月，马桥镇“存好心，做好事，当好人”首期道德讲堂在镇政府举行。讲堂以“向上向善向美 · 马桥好人好事”为主题，以社会公德、职业道德、家庭美德、个人品德为主要内容，通过群众身边看得见、学得到的“平民英雄”和“凡人善举”，宣扬助人为乐、见义勇为、诚实守信、敬业奉献和孝老爱亲的感人事迹，用身边人讲身边事，用身边事教身边人，积小德为大德，积小善为大善，使先进文明的道德理念入心于行。随后，各行政村（社区）每季确定一个主题，开展一次道德分堂活动，以“七个一”（做一番省身、唱一首歌曲、看一部电影、诵一段经典、讲一个故事、做一番点评、送一份吉祥）为载体，结合各村实际，配合中心工作，加强创新和提升。机关橱窗定期公布美德善行榜。至 2021 年底，全镇共举办道德讲堂活动 720 场次，树立各类美德善行榜 19 个。

百姓大舞台

2014 年起，马桥镇在各社区、行政村建立百姓大舞台，作为文明教育、文艺宣传的主阵地，通过演讲比赛、文艺演出等多种形式，开展丰富多彩的宣传教育活动，让群众在喜闻乐见的表演中受到潜移默化的文明熏陶。徐周村利用大舞台，开展乡贤评选，用乡贤的嘉言懿行涵养文明乡风，弘扬传统美德。马桥镇每年举办 60 多场次百姓大舞台宣传教育活动，从中选拔优秀节目参加市文艺节汇演。

村规民约

2006年起，马桥镇各行政村结合各自具体情况和特点，制订各具特色、符合各自村情的村规民约，并张榜公布，以规范辖区村民言行，倡导村民摒弃陈规陋习，树立社会新风，推进精神文明建设。

正北村村规民约

正北村，民风淳，制订村规立民约；
爱祖国，遵法纪，国家法律莫违背；
爱集体，爱家乡，国家建设靠大家；
跟党走，志不移，党的恩情莫忘记；
价值观，记心里，二十四字应记牢；
中国梦，奔小康，富民强国是使命；
新时代，新思想，党员干部要加强；
两委会，领村民，共同创造共致富；
学科学，懂技能，新型农村新农民；
村纪检，监委会，三务公开勤监督；
重大事，大家议，坚持四议两公开；
耕地线，要保护，乱搭乱建不可为；
新建房，要审批，不办手续建不了；
好青年，服兵役，守卫边疆保社稷；
理事会，管宴请，红白喜事来指引；
不铺张，不浪费，勤俭节约更可贵；
破迷信，除陋习，移风易俗是关键；
黄赌毒，要举报，扫黑除恶是正道；
尊师长，爱幼小，家风传承最重要；
父母恩，记心间，百善必须孝当先；
孤老幼，多关心，团结互助乐无穷；
夫妻间，互平等，家庭和睦万事兴；
亲兄弟，好姐妹，血浓于水是真情；
育儿女，教有方，德智体美有特长；
男儿俊，女儿娇，鼓励生育政策好；
邻里间，要和睦，互帮互助如兄弟；
善待人，少争利，谦和礼让莫生气；
崇尚善，扬正气，言传身教讲诚信；
家前后，勤打扫，环境卫生要搞好；

有垃圾，不乱扔，分类回收价值高；
废秸秆，禁焚烧，还田利用废变宝；
河道净，河水清，优美环境靠众人；
养宠物，要管好，绳牵不许随便尿；
爱绿化，莫破坏，禁种菜蔬不毁绿；
村庄秀，家乡美，家家户户有责任；
公共物，要爱护，传统美德要遵守；
公益事，多参加，志愿服务你我他；
车辆停，要有序，规范停放讲文明；
外出行，守交规，斑马线前车让人；
上下车，守秩序，远离酒驾爱生命；
本规约，大家定，全体村民要执行；
促和谐，创文明，五好家庭共提高；
执行好，皆受益，共同弘扬新风气。

该村规民约于 2020 年 5 月 25 日经村民代表大会表决通过。

家规家训

马桥镇党委、镇政府倡导传承文明健康的家规家训，自 2011 年起，连续 4 年以“万家文明风”活动为载体，评选表彰“我有好家风”最美家庭 197 户，连续 3 年开展“说说心里话，传承好家风”撰写家训活动，弘扬孝老爱亲、家庭和睦、助人为乐、诚实待人、敬业奉献的文明家风，在广泛征集的基础上，评选出优秀家风家训（家规）格言。

家风家训格言精选

侯勇：人生难过百，品行把名扬；忠厚传家人，诗书健世工。

高晓云：身从情理（应该做的事亲自去做）；心从道理（除去争贪搅扰的私心）；性从天理（不动秉性，化除禀性）。

鞠振华：读书明理，勤劳上进，慈孝友善；踏踏实实做事，堂堂正正做人。

朱秀凤：不歪不恶不顶嘴，文明礼貌会感恩；舍得吃苦争第一，孝敬父母硬道理。

陈慧华：和为贵，孝为先，勤为宝，俭为德；知足常乐，待人以善。

戴松美：勿以善小而不为，勿以恶小惹烦恼。

王艳萍：夫妻本是同林鸟，有福有难应共担。公婆要当父母养，有说有笑把颜欢。

凡人善举

鞠振华 1940年生，退休教师，三爱村人，江苏省劳动模范。2000年，鞠振华将80多岁的老岳母陈梅林接到自己身边，让老人过上城里人生活。他嘘寒问暖，无微不至，帮老太太洗头、剪指甲，晒被子，用轮椅推着老人逛商场，游公园，二十几年如一日，不离不弃。陈梅林爱唱山歌，鞠振华夫妇就陪老人回忆歌词，花了近3年时间，收集整理山歌300余首，其中100多首收录于《江苏省非物质文化遗产普查靖江市资料汇编》一书，泰州电视台、靖江电视台、《泰州晚报》、《靖江日报》等媒体多次采访报道。

张建国 1962年生，幸福村人，靖江市海联轿车出租公司驾驶员。1994年10月9日晚，张建国出车途中，遇到吉林长春至靖江伺机作案的两名歹徒，在身中17刀的情况下仍勇敢地与歹徒搏斗，并配合公安民警成功将两名歹徒抓获。张建国胃部、背部被刺穿，胸腔积血达1000毫升，经全力抢救脱离了生命危险。张建国只身斗歹徒，保护集体财产的英勇事迹在靖江城乡广为传颂，县委、县政府专门召开大会予以表彰，号召全县人民向他学习。《新华日报》《中国法制报》等多家媒体予以报道。

孙尚江　刘小乾　刘毛郎 2015年3月24日凌晨6时许，年逾花甲的孙尚江外出散步时，发现一名女子在曾家港冰冷的河水中挣扎，情况十分危急。孙尚江来不及多想，一边大声呼救，一边用竹竿伸到河中救人。由于河面太宽，竹竿够不着落水者，同村的刘小乾、刘毛郎两位老人闻讯赶来。3人奋不顾身跳入河中，合力将女子推上岸。上岸后立即报警，并联系女子家人，待民警和女子家人赶到后，3人才安心离去。他们的善举受到公安机关的表彰和人民群众的赞扬。

朱炳凯 1963年生，马桥镇白衣村人，靖江市爱心QQ群群主。他幼时患小儿麻痹症，左腿二级伤残，成年后被安排在一家福利厂上班。2011 年，他在网上看到“退伍兵李大爷生病住院，膝下无儿女，仅靠年迈老伴照料”的帖子，便与几个热心人自发到医院探望陪护，直至老人去世。随后，他发起组建一个近 20 人的爱心 QQ 群，组织大家关爱留守儿童、帮扶孤寡老人、资助困难家庭，十年如一日，开展爱心活动 100 多次。他的爱心感染和带动了身边越来越多的人，至 2021 年，爱心 QQ 群已拥有 100 多名固定志愿者。

侯先栋 1969 年生，集福村人。历经坎坷创业成功，成为泰州市诚泰测绘有限公司总经理。事业有成后，他不忘回报社会。2012 年，他出资 1 万元为村里安装路灯，出资 2 万元用于村民服务中心建设，捐助 1 万元帮助白血病患者沈翕芳求医治病。尤其是资助白血病患者尤雨橙一家的事迹感人至深。尤雨橙是团结中学的学生，家境贫寒，命运多舛。幼时父亲去世，小雨橙又患上急性白血病，几十万的治疗费压得母女俩抬不起头来。侯先栋得知后，主动去她家探望，他筹集治疗费用，联系专家医生。在侯先栋的全力支持下，小雨橙的手术取得成功。此后，又为小雨橙家筹资十几万元，修建危旧房屋，添置家用电器，为小雨橙的妈妈安排工作，一个濒临破碎的家庭从此焕发生机。侯先栋常说：“只要这个社会还有弱势群体存在，我的爱心脚步将永不停息。”

高　琴 女，1977 年生，白衣村人，靖江市第一高级中学美术老师，工会副主席，中学高级职称。她在三尺讲台辛勤耕耘，形成自己独特的教学风格，2005 年获江苏省美术教师基本功比赛二等奖、泰州市一等奖。同年，她成功为一名北京白血病患者捐献骨髓，使患者获得新生。她是靖江市、泰州市捐髓第一人，受到卫生部、中国红十字会、解放军总后勤部的联合表彰，2006 年获“全国三八红旗手”荣誉称号，2008 年光荣地成为北京奥运会火炬手。

2008 年，北京奥运火炬手高琴

第九篇

马桥人物

马桥人杰地灵，英才辈出。元代知名藏书家陈杰创建万卷书楼，明代著名学者朱得之修纂《靖江县志》。革命先烈舍生忘死，大义凛然壮烈牺牲。中华人民共和国成立后，各行各业更是群英荟萃。朱敏信、徐忠祥等在各自不同岗位上为社会主义建设做出卓越贡献，成绩斐然，可圈可点。

人物传略

陈杰（1253—1321） 元代著名藏书家，字汉臣，号榕山，祖籍汴梁（今河南开封），南宋时迁居马驮沙。其远祖陈康伯在南宋时曾任宰相，以诗礼传家。陈杰生而不凡，品貌俊逸，性格沉毅，为人有度量，好饮酒，读书不守章句，善作诗。陈杰原本有治国平天下之抱负，无奈其父陈端明长年卧床，需要服侍，只能在家奉养双亲。聪明才智无以施展的他便用在商贸经营上，审时度势，把握商机，很快积聚起巨额财富。陈杰富而不骄、乐善好施、重诺守信，每遇乡邻有难者总能慷慨解囊，被乡里人尊称为“巨人长者”。元大德十一年（1307）至大元年（1308），马驮沙两次遭遇洪灾，陈杰主动捐粟千石，赈济灾民。陈杰秉承祖训，喜好读书，尤其酷爱藏书，不惜巨资营建书楼，藏书万卷，后人称万卷书楼，并著有《万卷书楼集》。陈杰一生无意做官，元朝廷曾敕封他为江陵路税课副使，被他辞谢。后元朝大将、行省平章政事阿术征召他为汴梁户计总管，上任途中不料风痹发作、疼痛难忍，不得已弃之返回。不久后病逝，葬于延庆奄之西。

朱得之（1485—？） 字本思，号近斋，靖江长安团（今马桥镇）人，明代著名学者，王阳明晚年的入室弟子，是阳明心学的继承者与发展者，是南中王门学派的代表人物之一。朱得之著述甚丰，《明史·艺文志》著录有《印古诗》一卷、《说袁仁毛诗或问》二卷、《老子通义》二卷、《列子通义》八卷、《庄子通义》十卷，《千顷堂书目》著录有《正蒙通义》，《四库全书总目》著录《宵练匣》。朱得之所著《庄子通义》是迄今所见明代最早的一部解《庄》著述，《续修四库全书》《四库全书存园丛书》以及《无求备斋庄子集成续编》均有收录。嘉靖四十一年（1562），朱得之开始修纂《靖江县志》，共8卷，隆庆四年（1570）刊版。靖江县令王叔杲为该志书作序，称朱得之为县志“稽吏牍、询故老，搜逸事、披荒碑”，为后世保存了大量明代中期的靖江史料。

刘彬（生卒年不详）　正北村人，清朝中期著名音乐艺人。他在京从事器乐吹奏，擅长唢呐、箫、笛、笙等乐器。告老还乡后，刘彬仍恋旧业，将自家四合院作为演出场馆，组织道士、卖唱者等民间艺人成立乐队，在他的专业指导下，乐队水平迅速提升，七邻八乡村民争相观赏，一时声名鹊起，县衙因此颁发“聚乐堂”匾额悬于屋内，成为远近闻名的民间乐坊。

孙叔贤（1893—1974）　幸福村人。出生地主家庭。他对佃农租粮好差、交租拖延、斤量不足，从不计较。遇到灾荒年，免收或少收租粮。若有天灾人祸，他捐钱捐物，行善救助。

1941年春，侯河区区委书记张诚和担任县委组织部部长的丈夫莫珊将孙叔贤作为统战对象，向他宣传党的主张和抗日政策后，他主动腾房给张诚住宿。张诚还与孙叔贤的儿媳妇结成干姐妹，亲如一家人。1943年7月，县独立团攻打霞幕圩日伪据点，因情报误判，独立团牺牲70余名战士。孙叔贤花重金通过当地猪行老板买通据点伪军头目，雇请木船，将烈士遗体运回经伦庵安葬。1947年1月中旬，我军战略转移北撤，迎祥乡（今幸福村）干部陈学传、吴少兰、陈少堂3人奉命坚持原地斗争，就躲在孙叔贤家的后院里。孙叔贤白天为他们端饭送水，晚上站岗放哨。1974年，孙叔贤逝世，享年81岁。莫珊、倪浩堂等赶回靖江，参加追悼会，缅怀这位为革命事业做出贡献的开明绅士。

陈仲琪（1903—1946）　马桥村人。少时读过私塾，因父母双亡被迫辍学。成家后妻子病逝，陈孤身一人到处流浪。1937年，日军侵占靖江，在马桥建立伪政权，陈经乡绅引见，出任马桥伪巡官，后又任伪四区区长。但他积极为抗日民主政府效力，不仅不干涉区乡抗日武装活动，还将征收的税款暗中送给新四军，营救被捕人员出狱，并多次为县委提供情报。1943年中共靖江县委发展陈仲琪为秘密党员，任命他为靖西情报站内线负责人。1943年底，陈仲琪将重要情报送至苏中三分区司令部，使该部得以迅速安全转移，靖西情报站为此受到苏中三分区司令部通令嘉奖。1944年四五月间，靖江独立团根据陈仲琪提供的情报，智取新丰市，奇袭白衣堂，全歼伪第十九师两个连，俘伪军235人，两据点被当地群众平毁。抗战胜利后，县委决定陈仲琪继续留在敌人内部从事情报工作，因情报员送情报时不慎失误，陈仲琪不幸被捕。1946年10月，陈受尽酷刑，坚不吐实，直至壮烈牺牲。

陈国相（1917—1999）　迎祥村

人，幼时读过几年书。1938年，曾任国民政府某乡副乡长。但他不满国民党的反动统治，对共产党抱有好感，接受共产党的抗日宣传，于1940年加入中国共产党，1942年任抗日民主政府侯河区迎祥乡乡长。1943年后与党组织失去联系。1947年，中共侯河区委决定，要他打入敌人内部出任国民党迎祥乡五保保长。他利用保长身份，与敌人斗智斗勇，为党组织提供情报，多次掩护、营救留下坚持斗争的党员干部，为后来的靖江党政军机关进军靖江恢复失地作出特殊贡献。1999年病逝，享年82岁。

史铭坤（1920—1947） 原双店村人。1946年参加革命，同年加入中国共产党，曾任侯河区双店乡乡长。他工作积极，勇于斗争。1947年12月，在开辟边区斗争中不幸被捕。敌人将他押至马桥据点，用尽酷刑。他坚持革命气节，宁死不屈，后被敌人杀害于白衣堂西首。中华人民共和国成立后，靖江县人民政府将他的出生地双店村改名为铭坤村，一直沿用至今。

沙和庆（1920—？） 幸福村人。幼时家境贫寒，10岁就给地主家当伙计。不久父亲病故，母亲改嫁。15岁时因生活所迫，经人介绍赴上海，成为一家工厂的“包身工”。抗日战争爆发后，他历经艰辛辗转回到家乡。结婚生子后家境窘困，妻子因病不治身亡。屡遭生活磨难的沙和庆带着幼子相依为命，在困苦中挣扎煎熬。抗战胜利后，沙和庆的家乡实行土地改革，他分得了土地，从内心感谢共产党。1947年国民党反动派“清剿”靖中侯河区，留下坚持斗争的区委组织科长吴晓清和普正乡乡长陆文彬决定隐蔽到不为敌人察觉的沙和庆家。沙和庆想方设法，费尽心机，让吴、陆二人藏到用双层芦柴夹成的棚屋笆壁中。为了保证他们的安全，沙和庆与下乡扫荡的敌人巧妙周旋，一次次瞒过敌人的耳目，一次次化险为夷，直到1947年9月18日，靖江党政军机关进军靖江收复失地，隐藏了7个多月的吴、陆二人得以重见天日。

陈启（1920—1968） 迎祥村人，幼时就读私塾、小学。1940年2月参加工作，同年底加入中国共产党。1941年，赴华东抗大学习。1943年1月任侯河区交通站站长，1945年1月任县公安局侦查科长。1946年12月，县党政军机关北撤，他奉命隐蔽至靖城坚持原地斗争。1949年4月解放军横渡长江时，陈启率领常备民工跟随解放军支前，参加解放杭州和上海的战役，被评为一等功臣。中华人民共和国成立后，他热爱本职工作，出色完成上级交给的各项任务，多次被评为先进工作者。1968年7月6日因病逝世，享年48岁。

朱敏信（1925—2018） 白衣村人，新华社高级记者，曾任新华社总社国际部编委。幼年在家乡读小学、私塾。1941年入靖江乡村师范学习。1944年受中共靖江县委派遣，入靖城日伪统治的中学从事秘密工作。1947年调海安大众报社任通联科科长，1948年调江海导报社任通联科科长，1949年调新华社苏北分社任编辑、记者，1950年调新华社华东总分社任编辑，1953年入北京第一外国语学院攻读英语专业，1957年毕业后回新华社国际部工作，1971—1972年在新华社总编辑室工作。先后派往苏丹、伊朗和联邦德国任新华社分社首席记者，共发表新闻、通讯、述评等稿件300多万字，出版《淮河漫记》《西欧剪影》《横跨黑非洲》《外国人看中国》《成功与失败》等多部著作。曾被聘为新华社新闻研究所特约研究员、上海同济大学联邦德国研究所特约研究员、中国社会科学研究院研究生院新闻硕士研究生导师。1986年9月离休，2018年病逝，享年93岁。

商鉴（1926—？） 集福村人，中国人民解放军总医院（301医院）教授、主任医师，享受国务院政府特殊津贴。幼年在家乡读小学、初中，后去无锡、上海读高中。1939年考入国立上海医学院，后随该校迁往重庆。1946年大学毕业后，由中共地下党介绍，去周恩来率领的驻重庆中共代表团，随后转往华东新四军军部，历任医师、总医院医务主任等职。1953年赴苏联进修，获副博士学位。1957年起，历任军事医学科学院、中国人民解放军总医院副研究员、副教授、教授、主任医师等职，后为解放军总医院专家组成员。在骨科创伤、疾患的诊疗方面成果丰硕，多次赴欧美、日本讲学，出版著作（含合编）6部，发表论文100余篇，多次获国家和军队科技成果奖。

于湘琴（1931—2018） 侯河村人，幼时受儒家思想熏陶，尊礼守法，孝老爱亲。1942年，参加福兴乡抗日儿童团，为新四军站岗放哨，提供情报，直至抗战胜利。1946年参加革命。是年底，靖江党政军机关北撤，他服从组织决定，留在靖江坚持原地斗争。1948年受党组织派遣潜入无锡，以小学教师身份作掩护，开展地下工作。中华人民共和国成立后，于湘琴先后任苏州市财政局计委副科长、苏州市二中副校长、苏州市教育卫生部副部长、教育局党组书记等职。1965年后调北京任中国外文局国际书店拉美处副部长、局政工组副组长、出版部副主任、外事处处长，中共文化管理干部学院分部主任等职。1993年，于湘琴离休。2010年，于湘琴克服年事已高、体弱多病等困难，开始搜集整理资料，编写《于家埭志》，历时3年出版问世。2018年，于湘琴在北京逝世，享年87岁。

人物简介

孙文焕 曾用名孙文汉。九一村人，1934年12月生，教授，研究生导师。幼时就读于新四军创办的乡村小学。后复读于生祠小学、生祠中学和江苏省江阴高级中学。1961年毕业于西北工业大学航空发动机设计专业，留校任助教。1962年因国防建设需要调至中国人民解放军总参谋部所属通信兵学院任技术教官，先后讲授机械原理、机械设计、计算机辅助设计、计算机辅助制造和计算机应用等多门本科生和研究生课程。20世纪80年代开始从事计算机辅助设计和制造方面的科研工作，主持研究和开发的用于电子、机械设计的计算机辅助设计和制造软件XD-EMCAD/CAM，被陕西省科委列为重要产业化科研成果，于1998年11月向科技部作汇报演示，并在国内企业、研究所和高等院校推广应用。在国内外发表论文数十篇，出版《计算机辅助设计和制造技术》《机械CAD/CAM技术概论》《机械CAD应用与开发技术》等6部著作和教材。其名字和业绩被收入国家专家人才库。

毛鑫智 侯河村人，1934年12月生，教授，博士生导师，享受国务院政府特殊津贴。1950年毕业于靖江苏北联合中学，保送入南通农校学习。1953年考入南京农学院畜牧兽医系。1957年毕业留校任教，历任兽医系主任、校学术委员会委员、农业部教学指导委员会成员、江苏省畜牧兽医学会理事、基础学科专业委员会理事长等职。1982—1984年由教育部派遣，以中国科学院与英国皇家协会交换学者身份至英国剑桥大学生理系进修和合作研究，享受高级研究员待遇。后又多次赴德国、加拿大、美国、英国、西班牙考察、交流、讲学和参加国际会议。在畜禽消化和营养生理、哺乳动物围产期生理、免疫生理等领域造诣较深。在国内外学术刊物发表研究论文100余篇，出版《猪的消化生理》《家禽生理学》等近10部著作。曾主持过多项国家、省部级研究课题及欧洲联盟资助的国际合作项目，获江苏省重大科技成果奖、江苏省优秀课程一等奖和教学成果三等奖。参编的全国统编教材《家畜生理学》获农业部优秀教材奖。

陈万春　白衣村人，1938年11月生，教授，曾任中国科学院物理所研究员。幼年在本乡读小学，后入靖江县初级师范学校、泰兴县初级师范学校、江苏省扬州师范学校学习。1958年被选送入江苏教育学院深造。1964年南京大学物理系毕业后，分配至中国科学院国际合作局。1970年调入中国科学院物理研究所。长期从事凝聚态物理领域的晶体生长学科研究，主持研究多种单晶体的生长，曾获全国科学大会一等奖、国家发明奖三等奖、日内瓦国际发明金奖、尤里卡国际博览会银奖和国内国际优秀论文奖。在国内外学术刊物上发表论文和出版著作100余篇（部）。多次赴美国、日本、俄罗斯和西欧进行讲学、考察和科学合作。是国际空间科学委员会和美国AIAA成员，其名字和业绩被编入剑桥《世界名人录》。

张立明　白衣村人，1941年12月生，曾任陕西省总工会副主席。幼时随父至上海育群小学读书。后随母返原籍，先后求学于白衣小学、生祠中学、靖江县中学。1960年考入上海华东师范大学中文系。1965年毕业分配至北京第五机械工业部，后调西安国营804厂工作，历任党委宣传部干事、副部长等职。1982年调陕西工人出版社任副总编辑。1984年任陕西省委讲师团副团长兼安康分团团长。1985年任省教育工会主席。1992年任陕西工运学院院长。1993年被选为陕西省总工会副主席。1998年任省总工会巡视员（正厅级）。

王泰然　侯河村人，1945年10月生，高级工程师。1953年离开家乡去重庆读书。1970年毕业于四川大学数学系。参加工作后，长期从事科技管理工作。担任重庆市科委副主任期间，主持重庆市星火、火炬计划管理工作。编著《重庆市科学技术计划项目管理手册》等书，发表6篇科研论文。获国家星火科技管理三等奖，重庆市科技进步三等奖。1990年开始参与重庆市高新技术产业开发区领导工作。1994年任重庆市高新技术产业开发区管委会主任。1997年8月调重庆市科学技术协会任副主席（正厅级）。

徐忠祥 徐周村人，1952年5月生，初中文化。先后任生产队记工员、会计、队长、农技员、徐周村党支部书记、徐周中心村党委书记等职。他凭着满腔热情，扎根村庄50多年，带领百姓致富奔小康，将徐周村打造成靖江新农村建设的样板村、江苏省百佳生态村、江苏省特色田园乡村、全国文明村。徐忠祥组建农业专业合作社，带领农户抱团抗风险、闯市场。2007年，徐周村葡萄园成功申报国家级无公害农产品基地，他指导农户按规范统一施肥、用药、管理，注册“徐周”商标，将葡萄统一包装、销售。他组织流转土地300多亩，支持投资者种植苗木，养殖梅花鹿，建立芦笋种植基地，让村民从产业结构调整中获益。他带领村民建成3千米采摘长廊，创办新农村集中居住区，成立旅游文化有限公司，实现村埭亮化、绿化、道路硬质化。徐忠祥先后获得全国劳动模范、江苏省最美基层干部、泰州市优秀共产党员标兵等称号。

朱晓进 侯河村人，1956年12月生，教授，博士生导师，曾任南京师范大学文学院中文系主任、中国现代文学教研室主任、中国作家协会会员、全国鲁迅研究学会理事、全国现代文学研究会理事、江苏省中国现代文学研究会副秘书长等职，享受国务院政府特殊津贴。1973年高中毕业，1977年考入北京大学中文系，1984年获北京大学文学硕士学位。1993年赴北京大学作高级访问学

2022年，《江苏最美人物》采访徐周中心村党委书记徐忠祥

者，后在职攻读南京大学文学博士学位。在中国现代文学史研究、中国现代文学与文化关系研究、中国现代文学思想史和学术思潮史研究、中国现代文学流派研究、中国现代乡土文学研究、鲁迅研究等方面均有所建树，出版个人学术著作6部，与他人合著或参著学术著作15部，发表学术论文200余篇。先后获南京师范大学树人奖1次，江苏省教委和国家教委人文社会科学优秀成果二、三等奖各1次，江苏省哲学社会科学优秀成果一等奖1次、三等奖2次。

毛　骥　曾用名毛元元。福兴村人，1957年1月生，中共党员，高级工程师，江苏泰丰潜水电泵厂（集团）总工程师。幼年在无锡市南长街清名桥小学读书，1970年随祖父下放回靖江，就读于侯河中心小学，1975年侯河中学高中毕业后，在本乡务农。1976年至侯河中学任代课教师。1977年考入镇江农机学院农机系农机修造专业，1982年获工学学士学位，分配至江苏省泰州潜水电泵厂从事技术工作。1994年被评为扬州市有突出贡献中青年专家，并晋升为高级工程师。1995年被授予机械工业部劳动模范称号。在工作中获两项专利及机械电子工业部科技进步三等奖、国家教委科技进步二等奖。

刘念光　正北村人，1957年12月生。1974年12月入伍参军，历任战士，文书，营部书记，师政治部秘书、组织科干事，连政治指导员，军政治部干部处干事，沈阳军区政治部干部部干事，沈阳军区政治部干部部计划调配处副处长、处长，第64集团军某师政治部主任，沈阳军区政治部宣传部副部长，第64集团军某师政治委员。1998年10月，任第39集团军某旅政治委员（保留正师职待遇）。2000年，任第39集团军某师政治委员。2006年3月，任第40集团军政治部主任。2007年7月晋升少将军衔。2008年2月，任第40集团军副政治委员。2008年9月，任第40集团军政治委员。2012年，任中国人民解放军成都军区政治部主任。2015年7月，晋升中将军衔。2016年3月，出任成都军区善后办政委。2017年7月，任国防科技大学政治委员。2017年9月，刘念光当选中共十九大代表。

高　津　福兴村人，1959年4月生，硕士研究生学历。1978年参军入伍。1985年考入二炮指挥学院并获工程学硕士学位。毕业后，先后担任文书、技师、作战训练参谋、营长、旅副参谋长、参谋长、副旅长。2006年7月，任某基地副司令员，晋升少将。2009年，升任该基地司令员，晋升正军级。2011年12月，任二炮部队参谋长。2013年7月，晋升中将军衔。2014年转任总参谋长助理，后出任军事科学院院长，2015

年12月任战略支援部队首任司令员。2017年7月晋升上将军衔，10月当选中国共产党第十九届中央委员会委员。2019年7月，任中央军委后勤保障部部长。参与组建中国人民解放军第一支新型导弹部队，组织实施首枚新型导弹发射，先后立一等功2次、二等功1次、三等功3次，事迹多次被《人民日报》等国家级媒体宣传报道，被誉为“科技强军的带头人”。

顾小平 幸福村人，1961年生，曾任江苏省住房和城乡建设厅党组书记、副厅长，现任江苏省政协常务委员、省农业和农村委分党组书记、主任。

凌焕新 1962年3月生。2017年1月，任北部战区陆军政治工作部主任。2018年2月，任中央军委纪委正军职专职委员。2019年4月，任中央军委纪委副书记。2023年6月28日，晋升上将军衔。现任军事科学院政治委员，第二十届中央委员会候补委员。

吴汉兴 横港村人，1963年12月生，2005年11月至今，任新疆法思得电力工程有限公司新疆兵团江苏商会执行会长，兼任乌鲁木齐市泰州商会执行会长、新疆兵团江苏企业联合会（商会）执行会长、新疆兵团企业联合会（总商会）副会长、新疆电力承装修试企业协会副会长、乌鲁木齐市靖江商会会长、新疆法思得能源科技有限公司董事长。

孔令俊 祖师村人，1965年3月生，大学学历，硕士学位，1985年7月参加工作，1994年3月加入中国共产党。历任扬州皮革机械厂厂办主任、厂长助理，扬州市人民政府办公室副科级秘书，扬州市信托投资公司副总经理，扬州市商业银行副行长、党组副书记，扬州市广陵区委副书记、代区长、区长、广陵区委书记，扬州市人民政府副市长，扬州市委常委、政法委书记，市人大常委会副主任、党组副书记，扬州市委副书记、政法委书记、统战部部长，扬州市人大常委会主任、党组书记。

羊亚平 朝西村人，1966年2月生。1983年考入同济大学物理系。先后于1988年、1991年和1994年获理学学士、理学硕士及理学博士学位。1994年7月以来，一直在同济大学物理系工作。曾担任讲师，副教授，现任二级教授，博士生导师及中科院理论物理研究所客席研究员。现任同济大学物理科学与工程学院院长。曾多次赴国际理论物理中心（意大利）、德国鲁尔大学物理系、德国凯泽斯劳滕大学物理系、香港浸会大学物理系等进行科研合作。获国务院政府特殊津贴。

常和平 幸福村人，1966年生，1987年7月参加工作，历任南京市政府党组成员、副市长，市公安局局长、党委书记、督察长，市委政法委副书记，省公安厅副厅长、党委委员。

史宏灿 铭坤村人，1966年生，胸心外科学博士、教授、主任医师、博士生导师。现为江苏省“科教兴卫工程”医学重点人才，省“青蓝工程”中青年学术带头人，“省六大人才高峰”高层次人才，省级临床重点专科（胸心外科学）学科带头人。现任扬州大学医学院院长。

王云峰 正北村人，1972年生，1994年7月—2016年5月，在解放军理工大学气象海洋学院（原空军气象学院）担任讲师、副教授、教授，曾获得省部级科技进步一、二、三等奖，获得学校“教学名师”称号。2011年11月—2012年10月，担任美国佛罗里达州立大学客座教授。2016年5月—2018年9月，担任北京旋极伏羲大数据技术有限公司首席技术官。2018年9月—2019年12月，担任北京智康通达信息技术有限公司总经理。2019年1月，担任北京大学医药管理国际研究中心特聘研究员。2019年12月，担任南京市象禹信息技术有限公司总经理。2020年6月担任河海大学客座教授。

高冠军 栗树村人，1972年生。1996年，毕业于扬州大学。2005年，获浙江大学博士学位。2006年，为美国国立卫生研究院、美国国家癌症研究所博士后。2010年，为美国国立卫生研究院、美国国家癌症研究所研究员。2011年，任清华大学生命科学学院研究员、博士生导师。2017年，任上海科技大学生命科学与技术学院副教授、研究员。长期从事基因打靶和表现遗传学研究。

朱 玲 女，马桥村人，1975年生，长期从事环境友好型材料挥发性有机物治理技术的研究，兼任环保产业协会有机废气净化委员会委员、学术委员会委员、技术专家。先后主持国家自然科学基金青年基金项目，环保部政策研究中心、北京市教委、企业合作项目等各级课题近15项，参与完成北京市自然科学基金重点项目、863计划、北京市科技新星计划等项目近10项，发表论文50余篇，SCI/EI收录10余篇，主编或参编教材3本。现任北京石油化工学院环境工程系教授、博士生导师。

戴 兴 祖师村人，1979年2月出生，1997年12月入伍。“辽宁”舰着舰指挥官。2009年10月立三等功，2011年12月立二等功，2015年10月立二等功，2018年5月立一等功。戴兴结合工作实践总结出的着舰流程、整理出的《LSO参考手册》被广泛运用，培养帮带出一批批优秀着舰指挥官，填补了我国航母相关领域的空白。

烈士名录

马桥镇烈士名录

表 9-1

姓　名	性别	出生年月	参加革命时间	政治面貌	出生地	牺牲时所在单位及职务	牺牲时间地点及原因
宋启周	男	1917年	1941年3月	—	幸福村	县独立团一营六连副班长	1942年2月在泰兴县作战时牺牲
仇少根	男	1923年	1940年5月	—	侯河村	县独立团六连班长	1943年2月在靖江县朱家坝战斗中牺牲
毛宗成	男	1916年	1942年7月	—	福兴村	苏中三分区特务团战士	1943年4月在紫石县大白米战斗中牺牲
刘　奇	男	1921年7月	1941年	中共党员	侯河村	县独立团三连班长	1943年5月在如皋县东桥战斗中牺牲
顾茂勤	男	1913年3月	1943年4月	—	幸福村	苏中一师三团战士	1943年在海安战斗中牺牲
商良生	男	1920年4月	1941年3月	中共党员	福兴村	县独立团三连三排排长	1944年3月在靖江县庙宇港战斗中牺牲
钱小林	男	1923年	1943年	—	铭坤村	县独立团战士	1944年3月在靖江县庙宇港作战时牺牲
钱范顺	男	1925年	1942年10月	—	铭坤村	县独立团侦察班长	1944年3月在靖江县马桥战斗中牺牲
陆槐昌	男	1925年4月	1942年2月	—	集福村	县独立团三连战士	1944年5月在靖江县五号桥战斗中牺牲

续表 9-1

姓　名	性别	出生年月	参加革命时间	政治面貌	出生地	牺牲时所在单位及职务	牺牲时间地点及原因
史振华	男	1925年5月	1942年	中共党员	铭坤村	县独立团三连排长	1944年7月在靖江县生祠镇典当埭与日军作战时牺牲
陆小和	男	1923年	1943年	—	栗树村	苏中三分区特务团战士	1944年7月在兴化作战时牺牲
李巧和	男	1922年	1943年	中共党员	栗树村	县独立团二连副排长	1944年8月在泰兴县霞幕圩战斗中牺牲
周满机	男	1912年	1942年	—	朝西村	县独立团三连战士	1944年8月在泰兴县霞幕圩战斗中牺牲
李仲春	男	1923年9月	1943年	—	三爱村	县独立团二营五连战士	1944年8月在泰兴县霞幕圩战斗中牺牲
刘成彬	男	1921年	1944年7月	—	迎祥村	县独立团一连战士	1944年8月在靖江县五号桥作战时牺牲
李文兴	男	1924年	1944年7月	—	迎祥村	县独立团一连战士	1944年8月在靖江县五号桥作战时牺牲
刘富培	男	1920年	1942年	—	横港村	新四军某部战士	1944年在安徽老龙河战斗中牺牲
刘　俊	男	1920年	1942年	—	横港村	新四军某部战士	1944年在安徽老龙河战斗中牺牲
何金根	男	1923年	1940年7月	中共党员	福兴村	苏中三分区特务团战士	1944年在海安县李堡战斗中牺牲
秦全林	男	1924年	1941年2月	—	栗树村	苏中三分区特务团战士	1944年在海安县李堡战斗中牺牲
左汉宏	男	1923年	1943年2月	—	侯河村	苏中三分区特务五团二营五连战士	1945年3月在高邮县三垛战斗中牺牲
黄学武	男	1923年3月	1941年10月	中共党员	集福村	苏中三分区特务团二营五连二排排长	1945年3月在高邮县三垛作战时牺牲
何舜根	男	1924年9月	1943年6月	—	经伦村	苏中三分区特务团二营五连战士	1945年3月在高邮县三垛战斗中牺牲

续表 9-1

姓　名	性别	出生年月	参加革命时间	政治面貌	出生地	牺牲时所在单位及职务	牺牲时间地点及原因
姜子明	男	1926年4月	1943年	中共党员	三爱村	苏中三分区特务五团二营五连战士	1945年3月在高邮县三垛战斗中牺牲
钱富生	男	1922年	1943年	—	马桥村	苏中三分区特务团一连机枪班班长	1945年4月在白马垛战斗中牺牲
高庭正	男	1918年1月	1944年3月	—	集福村	县独立团侦察班长	1945年4月在泰兴县蒋华桥战斗中牺牲
刘汝舟	男	1925年	1944年	—	九一村	浙西纵队班长	1945年5月在浙江天目山战斗中牺牲
邵兰生	男	1925年3月	1944年8月	—	福兴村	县独立团三连战士	1945年8月在靖江县七圩港战斗中牺牲
刘胜庆	男	1922年9月	1944年6月	—	侯河村	新四军一师一团三连机枪手	1945年9月在泰兴城战斗中牺牲
陆金祥	男	1921年10月	1941年	中共党员	集福村	十一纵队三十一旅九十五团战士	1945年10月在盐城伍佑战斗中牺牲
高　明	男	1919年3月	1944年4月	—	幸福村	新四军苏中主力部队通讯员	1945年12月在高邮战斗中牺牲
高　岳	男	1924年3月	1944年	—	幸福村	浙西纵队联络员	1945年在浙江天目山战斗中牺牲
倪有春	男	1900年	1943年	—	铭坤村	新四军某部战士	1945年在安徽桃花园战斗中牺牲
朱　荣	男	1920年2月	1943年	—	新市村	某部班长	1945年在战斗中负重伤后牺牲
钱士进	男	1918年	1942年8月	中共党员	正北村	县独立团排长	1946年2月在靖城尤家桥侦察敌情时不幸牺牲
刘根和	男	1917年	1942年8月	—	马桥村	县独立团班长	1946年2月在马桥侦察敌情时不幸牺牲
高华正	男	1923年	1944年	中共党员	集福村	县独立团三连侦察班长	1946年2月被敌杀害

续表 9-1

姓　名	性别	出生年月	参加革命时间	政治面貌	出生地	牺牲时所在单位及职务	牺牲时间地点及原因
江宗和	男	1924年6月	1945年8月	–	祖师村	县警卫队战士	1946年4月在靖江县新港战斗中牺牲
刘　洪	男	1920年	–	中共党员	九一村	县独立团战士	1946年4月在靖江县新港战斗中牺牲
刘光庭	男	1923年	1944年3月	–	幸福村	苏中一师三团二营六连战士	1946年4月在南通观音山战斗中牺牲
高振亚	男	1927年6月	1945年10月	中共党员	集福村	华东野战军二师四团卫生员	1946年5月在山东省大汶口战斗中牺牲
钱顺根	男	1922年	1943年	–	铭坤村	县独立团班长	1946年5月在靖江县柏木桥战斗中牺牲
孙积根	男	1924年	1943年	–	铭坤村	侯河区游击队战士	1946年6月在靖江县马桥战斗中牺牲
陈玉琛	男	1926年5月	1943年4月	–	祖师村	县独立团班长	1946年6月在泰兴县捣石桥牺牲
李汉堂	男	1926年11月	1943年6月	–	幸福村	新四军六师一团班长	1946年7月在泰兴县宣家堡战斗中牺牲
王国俊	男	1892年3月	1939年8月	中共党员	幸福村	县独立团文书	1946年7月在泰兴城战斗中牺牲
钱于龙	男	1927年	1945年	–	正北村	县独立团理发员	1946年7月在泰兴城战斗中牺牲
蔡永清	男	1929年8月	1943年	–	三爱村	县独立团战士	1946年7月在泰兴城战斗中牺牲
陆立基	男	1911年8月	1944年3月	中共党员	福兴村	县独立团三连副排长	1946年7月在靖江县商家湾战斗中牺牲
陈福林	男	1924年	1944年9月	–	白衣村	七纵队突击班班长	1946年7月在如黄公路鬼头街战斗中牺牲
朱金荣	男	1922年7月	1942年12月	–	福兴村	县独立团战士	1946年8月在靖江县拦港坝被敌包围而牺牲

续表 9-1

姓　名	性别	出生年月	参加革命时间	政治面貌	出生地	牺牲时所在单位及职务	牺牲时间地点及原因
蔡东元	男	1926年4月	1945年	—	祖师村	十一纵队三十一旅九十五团一营一连卫生员	1946年8月在海安作战时牺牲
刘银生	男	1907年12月	—	—	正北村	正新乡士进村农会主任	1946年9月在靖江县地被敌杀害
严炳生	男	1915年	—	—	铭坤村	侯河区双店乡三村村长	1946年9月在侯河区新市乡被敌杀害
吴和庆	男	1919年3月	1946年7月	—	迎祥村	新四军老一团战士	1946年9月在黄桥战斗中牺牲
陈来大	男	1903年8月	1944年3月	—	马桥村	东兴区游击队战士	1946年10月在靖江县被敌杀害
刘汉清	男	1915年	1943年	中共党员	白衣村	侯河区双店乡指导员	1946年12月被捕牺牲于靖江城西三官殿桥
张国栋	男	1919年	1945年	—	朝西村	县独立团三连战士	1946年12月在白衣堂作战时牺牲。
朱炳成	男	1924年3月	1943年10月	中共党员	侯河村	苏中三分区一团四连排长	1946年12月在紫石县战斗中牺牲
孙再荣	男	1914年	1941年12月	中共党员	祖师村	县独立团联络员	1946年12月在靖江县牺牲
刘何庆	男	1916年3月	1943年6月	—	朝西村	县独立团战士	1946年被敌杀害于东兴海坝
何锡勋	男	1928年	1944年	中共党员	九一村	东兴区九一乡指导员	1946年在靖江县三圩港被敌杀害
朱小银	男	1915年	1942年6月	中共党员	横港村	县独立团排长	1946年在靖江县孤山燕子桥作战时牺牲
孙克成	男	1926年9月	1943年	中共党员	迎祥村	靖东税务所税务员	1946年北撤时在泰州牺牲
朱良松	男	1914年	1942年3月	—	横港村	东兴区游击队战士	1946年在靖江县被敌杀害

续表 9-1

姓　名	性别	出生年月	参加革命时间	政治面貌	出生地	牺牲时所在单位及职务	牺牲时间地点及原因
邵贵根	男	1924年	1942年	—	九一村	东兴区游击队战士	1946年在靖江县朱家洋行被敌杀害
韩一堂	男	1926年	1945年	—	栗树村	苏中一分区特务团战士	1946年在兴化作战时牺牲
刘月秋	男	1927年	1941年	—	九一村	县委工作队队员	1946年被敌杀害于靖江县罗家桥
黄品根	男	1912年	1945年	—	朝西村	苏北第一军分区情报总站情报员	1946年被敌杀害于靖江县罗家桥
蔡明荣	男	1923年4月	1943年6月	—	新市村	县独立团三连副班长	1946年在靖江县柏木桥牺牲
褚　克	男	1925年4月	1944年5月	—	新市村	四纵队十师二十八团卫生队司药	1946年在山东省赵庄战斗中牺牲
周银海	男	1933年3月	1943年	—	幸福村	侯河区迎祥乡儿童团团长	1947年1月18日在侯河区被国民党军残杀
孙国民	男	1924年	1945年1月	—	幸福村	侯河区队侦察员	1947年1月被敌杀害于生祠堂
丁绍宗	男	1928年2月	—	—	侯河村	民工	1947年1月在马桥皂角树埭被敌打成重伤后牺牲
孙宪章	男	1903年	—	中共党员	九一村	九一乡四村村长	1947年2月在靖江县刘子埭被敌杀害
周中立	男	1912年	1943年	中共党员	祖师村	县独立团排长	1947年2月在泰兴县广陵镇战斗中牺牲
陆少兰	男	1924年5月	1942年	—	福兴村	侯河区游击队战士	1947年2月牺牲于靖江县商家湾
戴桂芳	男	1920年2月	1943年4月	—	三爱村	县独立团战士	1947年2月负伤后在家休养被敌杀害
严继生	男	1921年7月	1943年9月	中共党员	三爱村	县独立团排长	1947年3月在张莫天作战时牺牲

续表 9-1

姓　名	性别	出生年月	参加革命时间	政治面貌	出生地	牺牲时所在单位及职务	牺牲时间地点及原因
陈银和	男	1917年	1943年3月	中共党员	迎祥村	县独立团三连机枪手	1947年3月在张莫天作战时牺牲
孙伯奇	男	1923年8月	1945年	—	横港村	县独立团三连文化教员	1947年3月在张莫天战斗中牺牲
臧金满	男	1925年	1944年	中共党员	三爱村	县独立团战士	1947年3月在张莫天作战时牺牲
钱文英	男	1929年	1945年9月	—	铭坤村	县独立团通讯员	1947年3月在张莫天作战时牺牲
陆建元	男	1920年4月	—	中共党员	侯河村	侯河区侯河乡民兵大队长	1947年3月在泰兴县小唐家庄被敌包围牺牲
吴　进	男	1921年5月	1944年3月	—	新市村	侯河区游击队战士	1947年4月被敌杀害于泰兴县广陵镇
陈贵庭	男	1927年10月	1946年6月	中共党员	幸福村	县独立团一连排长	1947年4月在泰县塔寺里战斗中牺牲
费祖善	男	1924年	1945年	—	铭坤村	侯河区游击队战士	1947年6月在靖江被敌杀害
林芝香	男	1931年2月	1946年10月	—	白衣村	苏北兵团一连二班战士	1947年6月在紫石县作战时牺牲
何春林	男	1927年	1942年	—	九一村	苏中主力部队九十五团战士	1947年6月在泰兴县珊瑚庄战斗中牺牲
陈锡庆	男	1916年	1940年	—	三爱村	新四军老一团战士	1947年7月在泰兴县营溪战斗中牺牲
侯宝珠	男	1922年10月	1943年	—	经伦村	苏中一分区特务团机枪手	1947年8月在东台作战时牺牲
刘网根	男	1924年	1946年	—	九一村	东兴区游击队战士	1947年8月牺牲于靖江县何家半埭
吴　兴	男	1924年6月	1944年4月	—	新市村	县独立团三连二排战士	1947年8月在泰兴县丁家庄战斗中牺牲

续表 9-1

姓　名	性别	出生年月	参加革命时间	政治面貌	出生地	牺牲时所在单位及职务	牺牲时间地点及原因
何汉堂	男	1929年12月	1946年10月	—	集福村	县独立团机枪手	1947年10月在泰兴县香店头战斗中牺牲
王绍彬	男	1912年6月	1947年	—	三爱村	侯河区游击队战士	1947年10月在靖江县战斗中牺牲
陈国庆	男	1924年	1945年8月	—	迎祥村	县独立团战士	1947年10月在靖江县蔡家市桥战斗中牺牲
陈有祥	男	1916年	1944年10月	中共党员	马桥村	七纵队三十一旅九十一团六连机枪手	1947年11月在盐城伍佑作战时牺牲
史铭坤	男	1920年	1946年	1946年入党	铭坤村	侯河区双店乡乡长	1947年12月，在开辟边区斗争中被捕，后在白衣堂英勇就义
韩胜和	男	1905年10月	1942年8月	—	白衣村	侯河区情报站情报员	1947年12月在靖江县白衣堂被敌杀害
高永祥	男	1912年2月	1940年10月	—	白衣村	侯河区情报站情报员	1947年12月在靖江县白衣堂被敌杀害
高炳基	男	1921年8月	1941年1月	1942年入党	白衣村	侯河区情报站情报员	1947年12月在靖江县白衣堂被敌杀害
薛七斤	男	1925年	1945年	—	幸福村	县独立团三连战士	1947年12月在靖江县涨公殿战斗中牺牲
孙锦芬	男	1930年9月	1946年	—	九一村	东兴区九一乡游击队战士	1947年12月在靖江县三圩港战斗中牺牲
陈玉书	男	1908年	—	中共党员	横港村	东兴区九一乡农会委员	1947年在靖江县被敌杀害
马三和	男	1909年	1943年	中共党员	祖师村	侯河区文武乡乡长	1947年被敌杀害于靖江县白衣堂
钱少清	男	1913年	1944年	中共党员	铭坤村	县独立团战士	1947年在靖城西门外执行任务时牺牲
季庆郎	男	1913年1月	—	中共党员	经伦村	侯河区游击队民兵中队长	1947年被敌杀害于靖江县龙王乡赵家埭

续表 9-1

姓　名	性别	出生年月	参加革命时间	政治面貌	出生地	牺牲时所在单位及职务	牺牲时间地点及原因
王　荣	男	1925年	1946年	—	九一村	华东野战军十一纵队三十旅九十八团战士	1947年在东台战斗中牺牲
吴生庆	男	1911年	1944年10月	—	迎祥村	苏中三分区特务团机枪连战士	1947年在泰县白米红板桥战斗中牺牲
吴浩荣	男	1926年5月	1946年	—	迎祥村	县独立团战士	1947年在靖泰交界处作战时牺牲
陈兰亭	男	1927年12月	1943年	—	迎祥村	县独立团战士	1947年在泰兴县广陵镇战斗中牺牲
余小林	男	1927年	1946年	—	三爱村	苏中三分区特务团战士	1947年在黄桥战斗中牺牲
徐子彬	男	1926年	1943年6月	—	迎祥村	六纵队十八师五十二团二营五连司号员	1947年在开封沙士集阻击战中牺牲
高汉银	男	1928年7月	1944年10月	中共党员	迎祥村	县独立团一连班长	1948年1月在泰兴县印家院战斗中牺牲
马天保	男	1930年4月	1946年3月	—	祖师村	县独立团一连通讯员	1948年1月在泰兴县印家院战斗中牺牲
赵篩庆	男	1917年10月	1942年	—	幸福村	县独立团班长	1948年1月在泰兴县大王庄战斗中牺牲
何金堂	男	1926年9月	1945年12月	中共党员	经伦村	县独立团一营三连战士	1948年1月在泰兴县大王庄战斗中牺牲
孙有德	男	1931年	1947年11月	—	迎祥村	县独立团战士	1948年1月在泰兴大王庄战斗中牺牲
孙满德	男	1924年	1944年6月	—	迎祥村	县独立团战士	1948年1月在侯河区祁家港反“扫荡”战斗中牺牲
金芝福	男	1919年9月	1947年12月	—	白衣村	县独立团六连班长	1948年2月在公所桥与敌作战时牺牲
徐宗庶	男	1922年8月	1942年2月	中共党员	祖师村	县某税务所主任	1948年2月在江边征税时被敌包围而牺牲

续表 9-1

姓　名	性别	出生年月	参加革命时间	政治面貌	出生地	牺牲时所在单位及职务	牺牲时间地点及原因
何友祥	男	1927年	1942年	—	九一村	县独立团一营三连副班长	1948年2月在本县五圩港战斗中牺牲
顾根和	男	1923年10月	—	—	九一村	东兴区九一乡五村平分委员	1948年3月被敌杀害于三官殿
朱同包	男	1920年	1945年	—	铭坤村	侯河区游击队通讯员	1948年4月牺牲于靖江水洞港
何福基	男	1925年7月	1946年10月	中共党员	侯河村	十一纵队三十一旅九十五团三营七连副排长	1948年5月在东台县卞仓战斗中牺牲
陆顺山	男	1920年5月	1944年3月	—	集福村	县独立团二营四连战士	1948年8月在季黄线作战时牺牲
张鲁红	男	1912年10月	1941年2月	—	白衣村	县独立团班长	1948年8月在泰兴县珊瑚庄战斗中牺牲
宋烈乡	男	1919年	1946年8月	—	九一村	苏中一分区特务团一营三连二排战士	1948年8月在泰兴县庙头庄战斗中牺牲
周同海	男	1930年	1947年8月	—	幸福村	县独立团战士	1948年9月在泰兴县蒋华桥战斗中牺牲
羊汉如	男	1915年	1942年12月	中共党员	祖师村	苏中三分区特务团战士	1948年10月在姜堰战斗中牺牲
陆保成	男	1925年8月	1941年3月	—	福兴村	县独立团班长	1948年10月在姜堰战斗中牺牲
蔡进元	男	1931年3月	1944年11月	—	三爱村	县独立团六连战士	1948年11月在靖江县华兴桥战斗中牺牲
何凯其	男	1918年8月	1941年1月	—	侯河村	十一纵队三十一旅九十五团七连机枪手	1948年12月在东台县卞仓战斗中牺牲
吴巧奇	男	1924年5月	1948年8月	—	白衣村	县独立团一连战士	1948年12月在泰兴县战斗中牺牲
周　延	男	1927年2月	1944年	中共党员	幸福村	十一纵队三十一旅九十三团一营一连文化教员	1948年12月在淮海战役中牺牲

续表 9-1

姓　名	性别	出生年月	参加革命时间	政治面貌	出生地	牺牲时所在单位及职务	牺牲时间地点及原因
高政元	男	1921年	1944年	—	栗树村	十一纵队三十一旅九十五团战士	1948年在淮海战役中牺牲
商林生	男	1925年6月	1943年8月	—	侯河村	十一纵队三十一旅九十五团二营四连战士	1948年在淮海战役中牺牲
何金国	男	1928年2月	1946年12月	—	集福村	十一纵队三十一旅九十五团二营四连战士	1948年在涟水战斗中牺牲
何　刚	男	1929年	1943年7月	中共党员	九一村	十一纵队三十一旅二五七团二营六连副指导员	1948年在山东韦灶战斗中牺牲
何维芝	男	1920年3月	1948年5月	—	集福村	县独立团司号员	1949年3月在泰州至姜堰行军途中遭敌机轰炸而牺牲
刘汉银	男	1928年10月	1948年10月	—	新市村	二十三军六十九师二〇六团骑兵队战士	1949年3月在江都县宜陵遭空袭而牺牲
沈定明	男	1922年4月	1941年	中共党员	幸福村	县独立团战士	1949年4月在靖江县八圩港战斗中牺牲
侯金郎	男	1922年	1942年	—	经伦村	第三野战军战士	1949年4月在渡江战役中牺牲
吴志成	男	1930年4月	1948年10月	中共党员	新市村	二十三军六十九师二〇六团一营二连战士	1949年4月在渡江战役中牺牲
杨银宝	男	1925年	1945年	—	横港村	主力部队战士	1949年4月在解放南京时牺牲
朱翕官	男	1899年	—	—	祖师村	民工	1949年5月牺牲于河桥
顾　钦	男	1909年	1941年	1944年入党	九一村	苏北粮食调运指挥所总务股长	1949年6月在靖江县八圩港不幸落水牺牲
刘天根	男	1912年6月	1945年		祖师村	情报员	1949年6月不幸翻船牺牲
何豫怀	男	1924年7月	1948年4月	中共党员	经伦村	二十三军六十九师二〇六团三营战士	1949年6月在溧阳战斗中牺牲

续表 9-1

姓　名	性别	出生年月	参加革命时间	政治面貌	出生地	牺牲时所在单位及职务	牺牲时间地点及原因
顾官堂	男	1923年5月	1949年2月	—	福兴村	民工	1949年7月在上海闵行战斗中牺牲
周　馥	女	1928年	—	—	幸福村	靖江县江海公司总账会计	1949年8月27日因病逝世，31日，靖江县人民政府追认她为革命烈士
印贵西	男	1926年8月	1943年3月	中共党员	师村	二十九军八十六师二五七团三营八连班长	1949年在攻打厦门战斗中牺牲
何立杰	男	1929年3月	1946年12月	—	经伦村	二十三军六十九师二〇六团司号员	1949年在福建战斗中牺牲
沈志成	男	1927年8月	1948年4月	—	幸福村	志愿军第三军电话员	1950年11月在朝鲜咸镜南道牺牲
肖德元	男	1921年	1948年2月	中共党员	迎祥村	第三野战军土改工作队队员	1950年在安徽肥西搞土改时被特务杀害
陆玉祥	男	1931年3月	1947年	—	福兴村	志愿军二十三军六十三师二〇五团一营二连通讯员	1950年在朝鲜战场上牺牲
朱汉祥	男	1926年4月	1944年9月	中共党员	马桥村	志愿军二十三军六十七师二〇〇团政治处干部	1952年2月在朝鲜战场上牺牲
朱　霖	男	1927年3月	1950年10月	—	经伦村	志愿军某部三三五团一营一连战士	1952年9月在朝鲜战场上牺牲
刘　成	男	1924年8月	1948年12月	中共党员	幸福村	志愿军二十三军六十九师二〇五团一营三连电话兵	1953年4月在朝鲜迂守洞牺牲
刘汉珊	男	1932年10月	1948年11月	中共党员	新市村	空军某部中队长	1959年9月在山东省潍坊市因飞机发生故障而牺牲
钱保根	男	1939年	1957年	中共党员	铭坤村	某部班长	1963年1月在江西南昌向塘因公牺牲

编后记

《马桥镇志》编纂工作启动于2018年6月。是年7月16日，马桥镇党政办公室印发《关于征集<马桥镇志>编纂资料的通知》，对镇志编纂工作进行全面部署，镇政府聘请陈金林、陈炳涛负责编写。2021年底共征集到近200万字的档案报刊等文字资料。2022年5月，镇政府聘请郭寿明、徐存华、周国林接手《马桥镇志》编纂工作。6月28日，镇政府召开《马桥镇志》征编工作推进会，对镇志编纂工作重新部署。会后，镇志编纂按序时进度向前推进，于2023年4月形成《马桥镇志》初稿，初稿设8篇共15万字。其中《现代农业》《乡村旅游》为特色篇章。4月19日，通过镇政府初审。6月29日，通过市党史方志办复审。随后，编纂人员逐条落实复审意见，修改调整篇章结构，充实完善文字内容，并增写《物产美食》篇，于2024年1月18日形成终审稿。1月31日通过市党史方志办终审。10月，通过市党史方志办验收。2024年12月，由南京出版社出版。

《马桥镇志》编纂出版，历时数年，数易其稿，是集体智慧和心血的结晶。马桥镇历任党政主要领导姚东辉、蒋国庆、吴文彬、刘矛、陈焕新、汤毅钧等高度重视和关心志书的编纂工作；市党史方志办徐常青、叶旭和、顾鑫昱、黄钦、顾兆丰、朱艳燕、王乐琤、刘汉如、严怀余等对志书提出了很多很好的指导意见；市融媒体中心、市摄影家协会提供很多有史料价值的精美图片；镇政府机关各职能科室、各行政村（社区）、企事业单位负责人以及社会各界人士为该书的编纂出版付出了心血和辛劳，谨在此一并致以衷心的感谢！

《马桥镇志》旨在通过梳理历史传承，强调人文关怀，通过展示马桥农旅特色，讲好马桥故事，在历史与现状的记述中，提炼马桥特有的精气神。但限于编纂者水平，在资料征编、史实取舍、纲目设计和文字表述等方面难免有不尽人意之处，敬请专家学者及广大读者予以批评指正。

编者

2024 年 12 月